Die Küchenfee

Unwiderstehliche Rezepte für jede Gelegenheit

Clodagh McKenna

Fotos von Alberto Peroli

DORLING KINDERSLEY

Für Erin McKenna
Meine Geschäftspartnerin, meine beste
Freundin und meine Schwägerin.
Vielen Dank für so vieles.

DORLING KINDERSLEY
London, New York, Melbourne, München und Delhi

Projektmanagement Blue Dragonfly
Lektorat Caroline West für Blue Dragonfly
Design Mark Latter für Blue Dragonfly
Fotos Alberto Peroli
Food-Styling Clodagh McKenna
Requisite Polly Webb-Wilson
Produktionsleitung Gemma John

Für die deutsche Ausgabe:
Programmleitung Monika Schlitzer
Projektbetreuung Elke Homburg
Herstellungsleitung Dorothee Whittaker
Herstellung Anna Strommer

Bibliografische Information Der Deutschen Bibliothek
Die Deutsche Bibliothek verzeichnet diese Publikation in
der Deutschen Nationalbibliografie;
detaillierte bibliografische Daten sind im Internet über
http://dnb.ddb.de abrufbar.

Titel der englischen Originalausgabe:
HOMEMADE

Der Originaltitel erschien 2010 in England bei Kyle Cathie Limited,
London

Übersetzung Carmen Söntgerath
Redaktion Petra Teetz
Covergestaltung Caroline Daphne Georgiadis, daphnedesign

ISBN 978-3-8310-2109-3

Druck und Bindung Butler Tanner & Dennis Ltd.

Besuchen Sie uns im Internet:
www.dorlingkindersley.de

Anmerkungen
- Die Mengenangaben bei Löffeln beziehen sich auf gestrichene
  Löffel, soweit nicht anders angegeben.
- Wenn nicht anders angegeben, bitte stets Eier der Größe M
  verwenden.

Inhalt

Einleitung

Die Idee für dieses Buch verdanke ich einem alten Hauswirtschaftsbuch meiner Mutter. Sie bekam es geschenkt, als sie ihren eigenen Hausstand gründete, und besitzt es noch heute: ein großer, dicker Band, in Leinen gebunden. Inzwischen sind die Ecken vom Gebrauch abgestoßen, und die Seiten mit den Lieblingsrezepten tragen Fingerspuren. Als Kind habe ich das Buch auch oft benutzt, um Pflanzen zu pressen. Für meine Mutter aber war es so etwas wie die Bibel der guten Haushaltsführung: voller Rezepte, guter Tipps und praktischer Ratschläge.

Beim Schreiben hatte ich allerdings nicht in erster Linie junge Ehefrauen im Blick. Mein Buch soll vielmehr jedem helfen, der hin und wieder in der Küche steht und eine Mahlzeit zubereitet: Singles, alleinerziehende Väter, Paare, Familien ... Es enthält Vorschläge für Gerichte, die man für sich allein, für Freunde und für seine Lieben kocht wie auch solche für ganze Essenseinladungen. Zudem erfährt man, wie man einen Haushalt organisiert und die Wohnung dekoriert. Das Buch steckt voller Tipps und Ratschläge, angefangen von einer preiswerten Tischdekoration bis hin zur Auswahl der perfekten Käseplatte.

Die einzelnen Kapitel folgen meinen eigenen Vorlieben beim Kochen und Einkaufen: Ich verwende am liebsten die Produkte der jeweiligen Saison. Ich pflege gern Traditionen, wie das Einkochen im Herbst, um die Gaben der Natur für den Winter haltbar zu machen. Ich schätze ein entspanntes Frühstück genauso wie eine stilvolle Tea-Time, eine stylische Party oder einen gemütlichen Abend vor dem Kamin. Unser Leben ist so vielfältig, und deshalb möchte ich Rezepte und Ideen für jede Stimmung und jede Gelegenheit bieten.

Ich wünsche mir, dass dieses Buch für euch ein ebenso unentbehrlicher Begleiter wird wie einst das Hauswirtschaftsbuch für meine Mutter. Ein guter Freund, bei dem ihr euch jederzeit Rat holen könnt, wenn ihr Vorräte anlegen oder Lebensmittel lagern wollt, wenn ihr Anregungen für Partyrezepte sucht, Ideen für leckere Lunchsnacks oder ein Konfitürenrezept – und hoffentlich nicht nur ein dickes Buch zum Blumenpressen.

Am besten schmeckt's mit frischen Produkten der jeweiligen Saison.

Wer ein paar Vorräte im Schrank hat, kann gut auf den Pizzaservice verzichten. Dabei aber immer das Haltbarkeitsdatum beachten.

Kochen macht Spaß. Nach einem stressigen Arbeitstag kann man in der Küche so richtig entspannen.

Leckeres für jeden Tag

Der Vorratsschrank

Einmachen

Perfekte Pausensnacks

Alles Käse

Der Vorratsschrank

Mal ehrlich: In (fast) jedem Küchenschrank gibt
es Lebensmittel, deren Haltbarkeitsdatum längst
abgelaufen ist … vielleicht schon vor Monaten.

Wer kennt das nicht? Man kommt vom Einkaufen zurück, räumt die Sachen
in den Schrank und was in der hinteren Reihe landet, ist schnell vergessen.
Aber schon mit ein bisschen Organisation sieht das ganz anders aus. Ich teile
meine Vorräte in vier Kategorien ein und lagere sie entsprechend: Essig und
Öl, trockene Lebensmittel (Mehl, Nudeln, Reis, Hülsenfrüchte, Zucker, Salz),
Konserven (Dosentomaten, Gemüse, Obst, Fisch) sowie Marmelade, Honig und
Eingemachtes. So behalte ich leicht den Überblick.

*Die Vorräte einmal im Monat überprüfen. Wer die Sache systematisch
angehen will, klebt einen Zettel innen an die Schranktür. Darauf
wird alles notiert, was zur Neige geht und besorgt werden muss.*

Heutzutage hat kaum noch jemand eine richtige Speisekammer. Deshalb ist es
umso wichtiger, den knapp bemessenen Platz für Vorräte klug zu nutzen. Gute
Vorratshaltung fängt schon beim Einkauf an. Am besten legt ihr nur Dinge in
den Einkaufswagen, die ihr auch wirklich braucht. Es macht wenig Sinn, verlo-
ckende exotische Zutaten mit nach Hause zu nehmen, wenn ihr keine Zeit habt,
damit zu kochen. Mein Tipp: Beginnt mit einer kleinen Grundausstattung, die
ihr nach und nach erweitert und regelmäßig kontrolliert.

Vorratshaltung ist wirklich eine tolle Sache und spart eine Menge Geld: Man hat
immer etwas im Haus, um schnell ein Abendessen zu kochen. Pizzaservice oder
Schnellimbiss gehen mit der Zeit nämlich ganz schön ins Geld – und leider auch
auf die Hüften. Aber vorher heißt es: gründlich ausmisten und verdorbene
Lebensmittel entsorgen – am besten noch heute!

*Leckeres für
jeden Tag*

oben

Mitte

unten

Im Schrank

oben

Mehl, Zucker, Backpulver

Mitte

Gewürze, Nüsse, Trockenfrüchte, Essig, Öl, Konserven

unten

Nudeln, Reis, Hülsenfrüchte

Einmachen

Einmal hatte ich einen ganzen Schwung Apfelgelee gekocht und brachte meinem Vater ein Glas davon mit. Er öffnete es und wurde plötzlich ganz sentimental: Duft und Geschmack erinnerten ihn an das Apfelgelee seiner Mutter und weckten jede Menge Kindheitserinnerungen.

Ich staune immer wieder, wie manche Aromen nicht nur die Zunge kitzeln, sondern auch Gefühle und Erinnerungen wachrufen können. Letzten Winter öffnete ich ein Glas mit eingelegten Zitronen für eine Hähnchen-Tajine. Sofort wähnte ich mich wieder auf dem italienischen Markt, wo ich die Früchte im Sommer zuvor gekauft hatte. Ein geheimer Zauber sorgt dafür, dass in jedem Einmachglas neben Obst oder Gemüse auch Erinnerungen mit konserviert werden. Früher hat man eingekocht, um über den Winter zu kommen. Das ist heute natürlich nicht mehr nötig. Wer es trotzdem tut, möchte sich und seine Lieben verwöhnen. Überall auf der Welt hat man Techniken entwickelt, um Lebensmittel haltbar zu machen: In Nordafrika werden Zitronen in Salz eingelegt, in Italien konserviert man Gemüse in Essig, im Iran Walnüsse, in Europa kocht man Marmeladen und Konfitüren, in England und Irland auch viele Chutneys. Für die Rezepte in diesem Kapitel habe ich aus all diesen Quellen geschöpft.

Beim Einmachen gilt: kleiner Aufwand, große Wirkung. Das macht die konservierten Köstlichkeiten auch zu perfekten Geschenken. Sie schmecken lecker, sehen hübsch aus, machen zufrieden und wecken Erinnerungen. So ein Einmachglas hat es wirklich in sich.

Rund ums Einmachen

- Einmachgläser sorgfältig abspülen, abtropfen lassen und mit der Öffnung nach oben 15 Minuten im auf 140 °C vorgeheizten Backofen sterilisieren.

- Bei Marmelade und Konfitüre nach Wunsch die Hälfte des Zuckers durch Honig ersetzen.

- Beim Kochen entstehenden Schaum sorgfältig von der Oberfläche abschöpfen. Beim Einfüllen darauf achten, dass in den Gläsern keine Luftblasen entstehen.

- Die Gläser immer nur bis 5 mm unter den Rand füllen.

Eingelegte Möhren

Feentrick

Gemüsetausch

Statt Möhren schmecken in dem würzigen Sud auch Fenchelknollen, Zucchini, Artischocken oder grüne Bohnen.

Auf einem italienischen Antipasti-teller darf eingelegtes Gemüse nicht fehlen. Bei diesem Rezept bleiben die Möhren schön knackig und die Gewürze sorgen für einen pikanten Geschmack.

Für 4 Personen / 3 Gläser à 500 ml

3 große Möhren
1 Zwiebel

Für den Sud
250 ml Apfelessig
125 ml Champagneressig
1 TL Meersalz
1 TL Zucker
1 TL Fenchelsamen
1 TL Koriandersamen
1 getrocknete Chilischote
1–2 Lorbeerblätter

Die Möhren putzen, schälen und schräg in 3 mm dicke Stifte schneiden. Die Zwiebel schälen, halbieren und in 1 cm dicke Scheiben schneiden. Möhren und Zwiebel beiseitestellen.

Für den Sud alle Zutaten mit 750 ml Wasser in einen großen Topf füllen. Bei mittlerer Hitze auf-kochen, dabei gelegentlich umrühren.

Sobald der Sud aufwallt, die Zwiebelscheiben hineingeben und 5 Minuten garen. Mit einem Schaumlöffel herausheben und beiseitestellen.

Den Sud erneut zum Kochen bringen und die Möhren 5 Minuten darin garen. Herausheben.

Gemüse und Sud noch heiß in saubere Schraub-gläser füllen. Verschließen, abkühlen lassen und im Kühlschrank aufbewahren. Dort halten sich die eingelegten Möhren mehrere Wochen.

Hausgemachter Ketchup

Ketchup selbst zu machen ist kinderleicht, und er schmeckt viel besser als gekaufter. Nach diesem Rezept bereiten wir ihn in meinen Kochkursen zu. Mit großem Erfolg! Am besten alle paar Monate gleich eine größere Menge kochen, denn länger hält der Ketchup sich selbst im Kühlschrank nicht.

Ergibt 1,5 l

200 ml Apfelessig
1 Lorbeerblatt
½ TL gemahlener Koriander
½ TL gemahlener Zimt
7 EL Rohrohrzucker
1,5 kg reife Tomaten, geviertelt, Samen entfernt
1 TL Meersalz
1 EL Senfpulver
1 Knoblauchzehe, zerdrückt
2 TL Worcestersauce
2 EL Tomatenmark
½ TL Speisestärke (bei Bedarf)

Essig, Lorbeerblatt, Koriander, Zimt und Zucker in einem schweren Topf mischen und erhitzen.

Tomaten, Salz, Senfpulver, Knoblauch, Worcestersauce und Tomatenmark einrühren. Alles unter Rühren zum Kochen bringen.

Den Ketchup bei schwacher Hitze 30 Minuten köcheln lassen. Falls er noch sehr flüssig ist, zuletzt die Speisestärke einrühren.

Den Topf vom Herd nehmen und den Ketchup mit dem Pürierstab oder im Mixer cremig pürieren. Dann durch ein Sieb in eine Schüssel streichen. Noch heiß in saubere Flaschen füllen und verschließen.

Getrocknete Tomaten

Wenn im Hochsommer die Freilandtomaten auf den Markt kommen, unbedingt einen kleinen Vorrat für den Winter trocknen. Das Trocknen selbst dauert zwar eine Weile, aber der Aufwand lohnt sich.

Ergibt 60 Hälften

30 Tomaten
2 EL fein gehackter Rosmarin
2 EL fein gehackter Thymian
Meersalz

Vorbereiten
Die Tomaten sorgfältig waschen und trocknen. Die Früchte halbieren und die Samen nach Wunsch entfernen.

In der Sonne trocknen
Die Tomaten mit der Schnittstelle nach oben auf Kuchen- oder Backofengitter legen. Mit den Kräutern und etwas Salz bestreuen.

Die Tomaten mit einem Fliegennetz abdecken und an einem sonnigen Ort trocknen lassen. Bei Sonnenschein dauert das einige Tage. Bei schlechtem Wetter benötigen die Tomaten jedoch bis zu 12 Tagen, bis sie schön trocken sind.

Im Backofen trocknen
Den Backofen auf 50 °C vorheizen. Die Tomaten wie beschrieben vorbereiten und auf dem Backofenrost verteilen. Im Ofen (Mitte) 6–12 Stunden trocknen lassen, bis die Tomaten faltig und durchgetrocknet sind.

Aufbewahren
Die getrockneten Tomaten dicht an dicht in Schraubgläser schichten und diese gut verschließen. Kühl und dunkel aufbewahrt, sind die Tomaten bis zu 1 Jahr haltbar.

Einweichen
Die getrockneten Tomaten etwa 2 Stunden in eine Schüssel mit Wasser legen.

Feentrick

Pesto aus getrockneten Tomaten

Dafür 200 g getrocknete Tomaten, 80 g frisch geriebenen Parmesan, 150 ml Olivenöl, 1 Knoblauchzehe und 70 g Pinienkerne im Mixer fein pürieren. Wenn das Pesto zu fest ist, noch etwas Olivenöl unterrühren. In ein sauberes Schraubglas füllen, mit etwas Olivenöl bedecken und im Kühlschrank aufbewahren. Innerhalb von 4 Wochen verbrauchen.

Dieses Chutney serviere ich am liebsten zu Geflügel-leberpastete (siehe Seite 112). Sein würziges Aroma kontrastiert wunderbar mit der cremigen Mousse. Dazu noch geröstetes Brot – köstlich! Aber auch zu Käse schmeckt das Chutney fein.

Ergibt 10 Gläser à 250 ml

Apfelchutney

1 EL Butter
2 Zwiebeln, in Scheiben geschnitten
1 kg Kochäpfel, geschält, Kerngehäuse entfernt und gewürfelt
500 g brauner Zucker
10 Gewürznelken
1 EL Cayennepfeffer
2 cm frischer Ingwer, geschält und gerieben
400 ml Apfelessig
1 TL Meersalz
1 TL schwarzer Pfeffer aus der Mühle
1 EL gemahlene Kurkuma

Die Butter in einem großen, schweren Topf erhitzen. Zwiebeln und Äpfel hinzufügen, gut umrühren und zugedeckt 5 Minuten garen.

Alle übrigen Zutaten zugeben und alles noch-mals gut durchrühren. Das Chutney zugedeckt bei mittlerer Hitze 20 Minuten köcheln lassen.

Den Deckel abnehmen und das Chutney weitere 30 Minuten bei schwacher Hitze garen, bis es sich goldbraun färbt und die Äpfel zerfallen. Das Chutney vom Herd nehmen und noch heiß in saubere Schraubgläser füllen. Verschließen und abkühlen lassen.

···· Feentrick ····

Einmachen und verschenken

Der beste Zeitpunkt, um dieses Chutney zu kochen, ist im Oktober, wenn die heimischen Äpfel reif sind. Es hält sich 6 Monate und wird dabei immer besser. In hübsche Gläser abgefüllt eine feine Weihnachtsgabe für liebe Freunde.

Beerenkonfitüre

Ist es nicht wunderbar, dass sich die Aromen des Sommers für die kalte Jahreszeit bewahren lassen? Um diese herrliche Konfitüre herzustellen, muss man zwar eine Stunde Zeit opfern, wird aber mit vielen köstlichen Momenten belohnt.

Ergibt 6 Gläser
à 250 ml

1 kg Himbeeren, Erdbeeren, geviertelt, und Brombeeren
1 kg Gelierzucker 1:1
abgeriebene Schale von 1 Bio-Zitrone

Die Beeren in einen großen, schweren Topf füllen. Den Gelierzucker zugeben und alles gut vermischen. Die Zitronenschale unterrühren.

Bei mittlerer Hitze unter Rühren langsam zum Kochen bringen, bis die Früchte kräftig sprudeln. Nach Packungsangabe etwa 4 Minuten sprudelnd kochen lassen, dabei beständig rühren.

Zur Gelierprobe einige Tropfen heiße Konfitüre auf einen gekühlten Teller träufeln. Abkühlen lassen und mit dem Finger zusammenschieben. Die Konfitüre ist fertig, wenn sie sich fest anfühlt und auf der Oberfläche Falten entstehen.

Die Konfitüre noch heiß in saubere Schraubgläser füllen. Verschließen und die Gläser kurz auf den Kopf stellen.

Die abgekühlten Gläser beschriften. An einem kühlen, trockenen Ort aufbewahren.

Feigenkonfitüre

An dieser Konfitüre mag ich einfach alles:
wie sie aussieht, wie sie schmeckt – und
das nicht nur auf dem Frühstücksbröt-
chen. Sie passt auch gut zu Ziegenkäse,
Blauschimmelkäse oder Aufschnitt.

Ergibt 1 Glas à 250 ml

150 g Zucker
12 Feigen, Stiele entfernt und geviertelt
abgeriebene Schale von 1 Bio-Zitrone
Saft von ½ Zitrone
1 Zimtstange

Den Zucker mit 250 ml Wasser in einem Topf
mischen. Bei mittlerer Hitze unter Rühren
erwärmen, bis sich der Zucker aufgelöst hat.

Feigen, Zitronenschale, Zitronensaft und
Zimtstange in den Sirup geben. Umrühren
und zum Köcheln bringen. Offen bei schwacher Hitze in etwa 1 Stunde dicklich einkochen lassen.

Die Konfitüre vom Herd nehmen und die
Zimtstange entfernen. Noch heiß in ein
sauberes Schraubglas füllen und abkühlen
lassen. Im Kühlschrank aufbewahren und
innerhalb von 3 Monaten verbrauchen.

Feentrick

Reife Früchte

Beim Einkauf von Feigen
unbedingt darauf achten,
dass die Früchte schön
reif sind. Die Haut sollte
intensiv gefärbt sein und
das Fleisch auf Druck
leicht nachgeben. Feigen
verderben schnell, des-
halb bewahrt man sie am
besten im Kühlschrank
auf. Etwa 1 Stunde vor
dem Verarbeiten heraus-
nehmen.

Konfitüren-zauber

• Nach dem Rezept für
Beerenkonfitüre (siehe
Seite 20) kann man
auch andere Früchte
verarbeiten, zum Bei-
spiel Stachelbeeren.

• Ruhig gleich eine
größere Portion Konfi-
türe kochen. In saubere
Schraubgläser gefüllt
hält sie sich mindestens
3 Monate.

• Mit einem Glas Konfi-
türe und Schlagsahne
kann man zum Beispiel
schnell eine Torte füllen
(siehe Seite 129).

Lemon-Curd

Als Kind mochte ich Lemon-Curd sehr gern – eine Vorliebe, die ich jetzt wiederentdeckt habe. Seitdem streiche ich die Zitronencreme auf fast alles.

Ergibt 2 Gläser à 250 ml

5 Eier
160 g Zucker
100 ml Zitronensaft
60 g Butter, gewürfelt
1 EL abgeriebene Schale von 1 Bio-Zitrone

Eine Metallschüssel auf einen Topf mit leicht siedendem Wasser setzen. Die Eier hineinschlagen, Zucker und Zitronensaft hinzufügen. Mit einem Schneebesen verquirlen und in 10 Minuten dick rühren. Dabei beständig rühren, damit die Masse nicht gerinnt.

Die Schüssel vom Wasserbad nehmen und die Masse durch ein Sieb streichen, um eventuelle Klümpchen zu entfernen.

Die Butter dazugeben und unterrühren, bis sie geschmolzen und die Masse glatt ist. Die Zitronenschale unterziehen. Den Curd noch heiß in saubere Schraubgläser füllen, verschließen und abkühlen lassen. Dabei wird der Curd noch fester.

Den Lemon-Curd im Kühlschrank aufbewahren und innerhalb von 1 Woche verbrauchen.

Feentrick

Lemon-Curd genießen

• Einfach einen Klecks auf eine Scheibe getoastete Brioche streichen – himmlisch.

• Als Füllung für eine Torte, zum Beispiel nach dem Rezept für Erdbeertorte (siehe Seite 129). Dafür nur zwei Teigböden backen und mit Lemon-Curd und Schlagsahne füllen.

• Locker mit Schlagsahne und Baiserstückchen vermischt als Dessert (siehe Seite 179).

• Zu Eiscreme, in Mürbeteigtorteletts, zu Plätzchen oder Scones – es gibt kaum etwas, das mit einem Löffel Lemon-Curd nicht noch besser schmeckt.

Eingelegte Zitronen

Ich liebe die süße Schärfe eingelegter Zitronen. Als ich in Italien lebte, wurden im Sommer auf dem Wochenmarkt die schönsten Zitronen aus Amalfi angeboten. Ich habe immer eine Kiste gekauft und die Früchte für den Winter eingelegt. Sie geben vielen Gerichten einen wunderbaren Geschmack.

Ergibt 20 Zitronenviertel

10 Bio-Zitronen
9 TL Meersalz
10 Pfefferkörner
10 Koriandersamen
4 Lorbeerblätter
5 Gewürznelken
1 Zimtstange

Die Zitronen heiß abwaschen. 5 Früchte in Viertel schneiden und die Kerne entfernen.

In ein großes sauberes Einmachglas 1 TL Salz streuen. Eine Lage Zitronenviertel einschichten und festdrücken. Mit 2 TL Salz, einigen Pfefferkörnern, Koriandersamen, 1 Lorbeerblatt und 1 Gewürznelke bestreuen. So fortfahren, bis Zitronen und Gewürze aufgebraucht sind.

Die Zimtstange halbieren und die Hälften seitlich in das Glas stecken. Die restlichen Zitronen auspressen und den Saft in das Glas gießen. Das Glas verschließen und 3 Wochen an einem kühlen, dunklen Ort ruhen lassen.

Die eingelegten Zitronen sind etwa 3 Monate haltbar.

Zitronenzauber

• Ein Zitronenviertel vom Fruchtfleisch befreien und fein hacken. Mit 100 g griechischem Joghurt und 1 TL fein gehackter Minze verrühren. Passt gut zu gegrilltem Lamm oder Hähnchen.

• Ein Zitronenviertel vom Fruchtfleisch befreien und fein hacken. Mit Feta, schwarzen Oliven, Koriander und reichlich Olivenöl unter Couscous mischen. Mit Zimt und Kreuzkümmel abschmecken.

• Mehrere Zitronenviertel vom Fruchtfleisch befreien und fein hacken. Mit weicher Butter, zerdrücktem Knoblauch und gehacktem Basilikum mischen. Die Paste unter die Haut eines Hähnchens schieben, dann wie gewohnt im Ofen braten.

Hausgemachter Limoncello

Ein Schlückchen eisgekühlter Limoncello zum Abschluss eines guten Essens, danach noch ein Espresso und ein Schokoladentrüffel – so lässt sich das Leben genießen. Meist mache ich gleich eine größere Menge, denn der Likör hält sich etwa 6 Monate.

Ergibt 1 l

200 g Zucker
abgeriebene Schale und
    Saft von 8 Bio-Zitronen
700 ml Wodka

Den Zucker mit 250 ml Wasser in einem Topf mischen. Bei mittlerer Hitze unter Rühren erwärmen, bis der Zucker sich auflöst. Dann zum Kochen bringen und in 3–4 Minuten sirupartig einkochen lassen.

Den Topf vom Herd nehmen. Zitronenschale und Zitronensaft einrühren und abkühlen lassen.

Den Wodka unterrühren. Den Ansatz in saubere Flaschen füllen. Verschließen und an einem kühlen, dunklen Ort 1 Monat ziehen lassen. Dabei während der ersten Woche täglich schütteln. Den Likör in saubere Flaschen umfüllen.

Den Limoncello vor dem Servieren mehrere Stunden tiefkühlen. In eisgekühlten Likörgläsern servieren.

Himbeersirup

Diesen Sirup gieße ich gerne mit Mineralwasser auf oder gebe einige Tropfen davon
in ein Glas Sekt oder Prosecco. Mit Brombeeren, Heidelbeeren oder Erdbeeren
schmeckt der Sirup genauso fein.

Ergibt 1 l

250 g Himbeeren
350 g Zucker
Saft von ½ Zitrone

Die Himbeeren bei Bedarf behutsam waschen.
Mit Zucker, Zitronensaft und 250 ml Wasser in
einen Topf geben. Bei mittlerer Hitze 5 Minuten
kochen lassen, bis die Beeren zerfallen.

Weitere 250 ml Wasser zugießen, wieder zum
Kochen bringen und bei schwacher Hitze nochmals 15 Minuten köcheln lassen.

Die Fruchtmischung mit dem Pürierstab oder im
Mixer fein pürieren. Das Püree mit einem Löffel
durch ein feines Sieb in eine Schüssel streichen.

Den Sirup noch heiß in saubere Flaschen füllen
und verschließen. Im Kühlschrank aufbewahren
und innerhalb von 3 Wochen verbrauchen.

Für ein sommerliches Erfrischungsgetränk einen
Teil Sirup mit vier Teilen Mineralwasser aufgießen.

Perfekte Pausensnacks

Zugegeben, es kostet Zeit, sich jeden Tag für die Mittagspause einen frischen Imbiss vorzubereiten. Aber die Mühe lohnt sich. Denn Selbstgemachtes schmeckt besser und ist gesünder. Wer seine Lunchbox gepackt hat, kann sich auf die Mittagspause freuen.

Den ganzen Vormittag sind wir beschäftigt. Wir hängen am Telefon, beantworten E-Mails und sitzen in Meetings. Wenn wir dann in der Mittagspause etwas freie Zeit haben, wollen wir die auch genießen – mit einem frischen Salat, einem leckeren Sandwich oder einem feinen Süppchen.

Doch wie schafft man das Essen heil ins Büro? Am besten in einer stabilen Lunchbox, die in mehrere Bereiche unterteilt ist. So kann man salzige von süßen Speisen trennen. Auch ein gut schließendes Döschen für Salatsaucen oder Dips darf nicht fehlen. Eine Stoffserviette und ein Messer machen die Ausstattung komplett. Der Mittagsimbiss ist übrigens auch eine gute Gelegenheit, um Reste aufzubrauchen: Wenn vom Sonntagsbraten etwas übrig bleibt, kann man damit gleich ein Couscous für den nächsten Tag zubereiten. Wer nach Kohlenhydraten gerne vor dem Bildschirm einnickt, greift besser zu Rohkost oder frischem Obst und Joghurt.

Als ich noch auf den Märkten unterwegs war, habe ich mich immer auf die Mittagspause gefreut, denn bei den Händlern war es üblich, Essen untereinander zu tauschen. Auch das kann man am Arbeitsplatz ausprobieren. Vielleicht gibt es ja Kollegen, mit denen man sich abwechseln kann, sodass man nicht jeden Tag selbst etwas vorbereiten muss. Und nicht vergessen: Der Pausensnack soll natürlich gesund sein, aber eine süße Kleinigkeit gehört auch dazu.

Küchenfees Lunchbox

Sandwiches
Immer noch die einfachste Möglichkeit, etwas für die Mittagspause mitzunehmen. Zur Abwechslung kann man Brote mit einem Plätzchenausstecher in Form bringen. So sehen sie gleich viel appetitlicher aus.

Früchte
Mit bunten Spießen, auf denen mundgerecht geschnittene Obststückchen stecken, kommt man ganz leicht auf die empfohlene Tagesration. Auch Smoothies können dabei helfen, etwa ein Smoothie mit Pfirsich und Honig (siehe Seite 44).

Dips
Ein besonders einfacher und gesunder Imbiss sind Gemüsesticks, die man in einen Dip taucht, zum Beispiel in Hummus (siehe Seite 176).

Gemüsechips

Mit diesem leckeren und gesunden Snack in der Brotzeitbox kommt man gut durch den Arbeitstag. Die Chips werden im Backofen zubereitet und sind ausgesprochen fettarm.

Für 4 Personen

2 mittelgroße Pastinaken
2 mittelgroße Rote-Bete-Knollen
2 mittelgroße Süßkartoffeln
2 EL Olivenöl
Meersalz und schwarzer Pfeffer aus der Mühle

Den Backofen auf 190 °C (Umluft 170 °C) vorheizen. Ein Backblech mit Backpapier belegen.

Pastinaken, Rote Beten und Süßkartoffeln schälen. Die Knollen mit einem Sparschäler auf dem Gemüsehobel in dünne Scheiben schneiden. Die Scheiben auf einem Geschirrtuch oder auf Küchenpapier verteilen und überschüssige Feuchtigkeit entfernen.

Die Gemüsescheiben in eine große Schüssel füllen. Salzen, pfeffern und mit Olivenöl besprenkeln. Mit den Händen sorgfältig durchmischen.

Die Scheiben nebeneinander auf das Blech legen. Im Backofen (unten) 20 Minuten backen, dabei nach der Hälfte der Zeit wenden. Den Garzustand regelmäßig prüfen, denn eventuell sind die Scheiben früher fertig. Aus dem Ofen nehmen, sobald die Pastinaken goldbraun sind.

Die Chips auf Küchenpapier auskühlen lassen. Zum Transport in Papiertütchen füllen.

Perfekte Pausensnacks

Kürbissuppe mit Koriander

Ich liebe diese marokkanisch angehauchte Kürbissuppe. Aber auch mit Räucherspeck oder Muskat schmeckt sie fabelhaft. Neulich habe ich eine Kürbissuppe mit gebratenen Steinpilzen und Haselnüssen probiert – göttlich!

Für 6 Personen

20 g Butter
500 g Kürbisfruchtfleisch, in 2 cm große Würfel geschnitten
100 g Zwiebeln, gehackt
1 Knoblauchzehe, zerdrückt
1 EL gemahlener Kreuzkümmel
500 ml heiße Hühnerbrühe
100 g Sahne
Meersalz und schwarzer Pfeffer aus der Mühle
1 kleines Bund Koriandergrün, fein gehackt

Die Butter in einem schweren Topf erhitzen. Kürbis, Zwiebeln und Knoblauch hineingeben und zugedeckt etwa 15 Minuten anschwitzen. Dabei gelegentlich umrühren.

Mit Kreuzkümmel würzen und weitere 5 Minuten köcheln lassen. Die Brühe zugießen, aufkochen und etwa 10 Minuten köcheln lassen. Sobald die Kürbisstücke weich sind, die Sahne einrühren und noch 1 Minute köcheln lassen.

Die Suppe mit dem Pürierstab oder im Mixer fein pürieren. Mit Salz und Pfeffer abschmecken und mit Koriandergrün bestreut servieren.

Feentrick

Brühe selbst machen

• Für Rinderbrühe einige Markknochen im Ofen rösten oder im Topf anbräunen. Zwiebel-, Sellerie- und Möhrenwürfel und 1 ganze Knoblauchknolle dazugeben. Mit Wasser bedecken. Mit Tomatenmark, 1 Schuss Rotwein, Thymian, Lorbeer und schwarzem Pfeffer würzen. Bei schwacher Hitze 2 Stunden köcheln lassen.

• Für Hühnerbrühe statt Markknochen eine Hühnerkarkasse verwenden. Den Rotwein durch Weißwein ersetzen und den Thymian durch ein Kräutersträußchen.

• Für Fischbrühe Fischgräten mit Lauch oder Fenchel 20–30 Minuten auskochen. Mit Dill oder einem Kräutersträußchen würzen.

Gemüsesuppe mit Orzo

Diese Suppe habe ich in Turin kennengelernt. Die Winter in Norditalien können ziemlich kalt sein. Da braucht man nahrhaftes und wärmendes Essen. So stand diese Suppe mindestens einmal pro Woche auf meinem Speiseplan.

Für 6 Personen

2 EL Olivenöl
1 Zwiebel, fein gehackt
2 Knoblauchzehen, zerdrückt
1 mittelgroße Möhre, geschält und fein gehackt
1 Selleriestange, fein gehackt
1 mittelgroßer Zucchino, fein gehackt
800 ml heiße Gemüsebrühe
1 Dose Tomaten (400 g)
1 Dose Kichererbsen (400 g)
1 TL getrockneter Oregano
100 g Perlgraupen (Orzo)
Meersalz und schwarzer Pfeffer aus der Mühle

Das Olivenöl in einem großen Topf bei mittlerer Hitze erwärmen. Zwiebel und Knoblauch hineingeben, umrühren und zugedeckt 2 Minuten anschwitzen.

Möhre, Sellerie und Zucchino zugeben und 5 Minuten anschwitzen.

Die Brühe zugießen, Tomaten und Kichererbsen unterrühren. Aufkochen und bei schwacher Hitze einige Minuten köcheln lassen.

Oregano und Perlgraupen in die Suppe streuen. Mit Salz und Pfeffer würzen und noch 10 Minuten garen, bis die Graupen weich sind.

Feentrick

Suppenglück

• Die Gemüse sorgfältig anschwitzen, das verleiht der Suppe einen intensiven Geschmack.

• Wer am Arbeitsplatz keine Möglichkeit hat, etwas für die Mittagspause aufzuwärmen, füllt die heiße Suppe zu Hause in eine Thermosflasche.

• Suppen lassen sich wunderbar in leeren Plastikflaschen transportieren – und auch tiefkühlen.

Erbsencremesuppe mit Speck

Tiefgekühlte Erbsen eignen sich hier wunderbar. Am besten hat man immer eine Packung im Haus, dann ist die Suppe in 20 Minuten gekocht.

Für 6 Personen

1 EL Butter
1 mittelgroße Kartoffel, geschält und gewürfelt
1 Zwiebel, geschält und gewürfelt
3 Scheiben Frühstücksspeck, gewürfelt
800 ml heiße Hühnerbrühe
500 g TK-Erbsen
100 g Sahne
2 EL fein gehackte Minze
50 g Crème fraîche
Meersalz und schwarzer Pfeffer aus der Mühle
Minzeblätter zum Garnieren

Die Butter in einem schweren Topf bei mittlerer Hitze erwärmen. Kartoffel und Zwiebel einrühren und zugedeckt 5 Minuten anschwitzen.

Den Deckel abnehmen und die Hitze etwas erhöhen. Zwei Drittel der Speckwürfel einrühren und 3 Minuten anbraten.

Die Hühnerbrühe zugießen und 5 Minuten köcheln lassen. Die Erbsen einstreuen und 5 Minuten mitgaren.

Inzwischen die restlichen Speckwürfel in einer Pfanne bei starker Hitze knusprig braun braten. Beiseitestellen.

Die Suppe mit Salz und Pfeffer würzen und mit dem Pürierstab oder im Mixer pürieren. Sahne und Minze unterziehen.

Die Suppe in vorgewärmte Schalen füllen. Auf jede Portion einen Klecks Crème fraîche setzen und mit Speckwürfeln und Minze bestreuen.

Feentrick

Schön kühl

Im Sommer kann ein kühles Getränk in der Mittagspause wunderbar beleben. Einfach einen Smoothie einfrieren und tiefgekühlt in die Lunchbox packen. Hier taut er bis zur Mittagspause auf und hält gleichzeitig das Essen frisch.

Sandwiches à la carte

Bei diesen leckeren Sandwiches ist für jeden Geschmack etwas dabei. Zum Mitnehmen in Butterbrotpapier wickeln – in Frischhaltefolie werden sie schnell weich und feucht.

Thunfisch

Frisch und gesund. Wer weniger Kohlenhydrate zu sich nehmen will, lässt das Brot einfach weg und isst die Thunfischfüllung als Salat.

Ergibt 2 Brötchen

150 g Thunfisch (aus der Dose), abgetropft
½ Apfel, entkernt und geraspelt
½ Selleriestange, in feine Scheiben geschnitten
1 EL Mayonnaise
abgeriebene Schale und Saft von 1 Bio-Zitrone
Meersalz und schwarzer Pfeffer aus der Mühle
2 Mehrkornbrötchen
4 Blätter Eisbergsalat

Thunfisch, Apfel, Sellerie, Mayonnaise, Zitronenschale und -saft in einer Schüssel mischen. Mit Salz und Pfeffer abschmecken.

Die Brötchen aufschneiden, mit Salatblättern belegen und mit der Thunfischcreme bestreichen. Zusammenklappen.

Räucherlachs und getrocknete Tomaten

Hier gibt der Räucherlachs den Ton an. Deshalb nur in guter Qualität kaufen.

Ergibt 2 Sandwiches

4 Scheiben Brot
2 EL Mayonnaise
10 getrocknete Tomaten
12 Kapern (aus dem Glas)
4 Scheiben Räucherlachs
Meersalz und schwarzer Pfeffer aus der Mühle

Die Brotscheiben mit Mayonnaise bestreichen. Zwei Scheiben mit Tomaten und Kapern belegen. Den Räucherlachs darauf verteilen.

Mit Salz und Pfeffer würzen und mit den restlichen Brotscheiben abdecken. Die Sandwiches halbieren.

Reuben-Sandwich

Immer wenn ich in New York bin, muss ich bei »Katz's Delicatessen« ein Reuben-Sandwich essen – dort gibt es die besten in der ganzen Stadt. Hauptzutat ist das selbst gepökelte Rindfleisch. Zu Hause verwende ich stattdessen Corned Beef aus der Dose.

Ergibt 2 Sandwiches

4 Scheiben Roggenbrot
1 EL Dijonsenf
200 g Corned Beef (aus der Dose), in feine Scheiben geschnitten
100 g Emmentaler, in feine Scheiben geschnitten
200 g Sauerkraut, abgetropft
50 g Butter (nach Wunsch)

Für das Dressing
80 g Mayonnaise
1 TL Worcestersauce
1 TL Ketchup
1 TL Senf

Zwei Brotscheiben mit Senf bestreichen. Corned Beef, Käse und Sauerkraut nacheinander daraufschichten. Für das Dressing alle Zutaten verrühren und auf die beiden restlichen Brotscheiben streichen. Die Sandwiches damit abdecken.

Stilecht wird das Reuben-Sandwich warm serviert. Dafür die Butter in einer Pfanne erhitzen und die Sandwiches darin von beiden Seiten goldbraun braten.

Speck, Avocado und Kirschtomaten

Krosser Räucherspeck, cremige Avocados und süße Tomaten – eine himmlische Kombination. Dafür darf der Speck nicht zu mager sein.

Ergibt 2 Sandwiches

6 Scheiben Frühstücksspeck
Sonnenblumenöl zum Braten
4 Scheiben Weißbrot
1 reife Avocado, in Scheiben geschnitten
8 Kirschtomaten, halbiert
schwarzer Pfeffer aus der Mühle

Etwas Öl in einer Pfanne erhitzen und den Speck darin von beiden Seiten knusprig braten.

Zwei Brotscheiben mit Avocado belegen. Tomaten und Speck darauf verteilen. Mit Pfeffer würzen und mit den restlichen Brotscheiben abdecken. Die Sandwiches halbieren.

Spargeltarte

Spargel und Greyerzer
sind mein persönliches
Dreamteam für diese
Tarte. Herzhafter wird sie
mit Brokkoli und Feta.

Für 6 Personen

Für den Teig
120 g Mehl
60 g kalte Butter, gewürfelt, plus Butter
  für die Form

Für die Füllung
300 g grüner Spargel
3 Eier, verquirlt
60 g Greyerzer, gerieben
250 g Sahne
8 Basilikumblätter
Meersalz und schwarzer Pfeffer aus
  der Mühle

Für den Teig das Mehl auf die Arbeitsfläche
häufen, die Butterwürfel darauf verteilen.
Beides mit den Fingerspitzen verreiben. Dabei
etwa 50 ml kaltes Wasser zugeben, bis ein
geschmeidiger Teig entsteht. Den Teig in
Frischhaltefolie wickeln und 30 Minuten in den
Kühlschrank legen.

Den Backofen auf 180°C (Umluft 160 °C) vor-
heizen. Eine runde Backform (20 cm Ø) mit
Butter ausstreichen. Den Teig ausrollen (siehe
Trick) und in die Form legen. Überstehenden
Teig bündig mit dem Formrand abschneiden.
Den Teig im Ofen (Mitte) 15 Minuten vorbacken.

Inzwischen für die Füllung den Spargel
waschen. Das untere Drittel schälen, holzige
Enden abschneiden. Die Stangen in Salzwasser 3 Minuten garen. Herausheben,
abtropfen lassen und halbieren.

Eier, Käse und Sahne in einer Schüssel
verquirlen. Mit Salz und Pfeffer würzen.

Die Eiermasse auf den Teigboden gießen.
Spargel und Basilikumblätter gleichmäßig
darauf verteilen. Die Tarte im heißen Ofen
nochmals 30 Minuten backen, bis die Oberfläche goldbraun und fest ist.

Feentrick

Teig ausrollen

Am einfachsten rollt man den Teig
für eine Tarte zwischen zwei
Stücken Frischhaltefolie aus. Die
Folie verhindert, dass der Teig an
der Arbeitsfläche oder am Nudelholz
festklebt. Außerdem vermeidet man
so, dass der Teig beim Ausrollen
reißt oder bricht.

Couscous mit mariniertem Hähnchen

Dieses Gericht habe ich zum ersten Mal in der Toskana gegessen. Auf einem Bauernhof wurde Hochzeit gefeiert und am Tag nach dem Fest gab es ein großes Barbecue, zu dem dieser Salat auf den Tisch kam. Auch mit Lamm oder Schweinefleisch schmeckt er köstlich. Das marinierte Hähnchen passt auch zum Couscous-Kichererbsen-Salat (siehe Seite 42).

Für 4 Personen

Für das Hähnchen
2 Hähnchenbrustfilets (von Bio- oder
  Freilandhähnchen
250 ml Olivenöl
5 EL Balsamico-Essig
1 EL fein gehackter Rosmarin
2 Knoblauchzehen, zerdrückt
Meersalz und schwarzer Pfeffer aus
  der Mühle

Für den Couscous
200 g Instant-Couscous
70 g getrocknete Aprikosen, gewürfelt
Meersalz und schwarzer Pfeffer aus
  der Mühle
350 ml heiße Hühnerbrühe
2 EL Zitronensaft
3 EL Olivenöl
50 g Mandelblättchen, geröstet
100 g Babyspinat
50 g Feta, zerkrümelt

Das Fleisch mit Olivenöl, Essig, Rosmarin, Knoblauch, Salz und Pfeffer in einer Schüssel gut vermischen. Zugedeckt im Kühlschrank bis zu 12 Stunden marinieren.

Den Backofen auf 180 °C (Umluft 160 °C) vorheizen. Das Fleisch aus der Marinade nehmen und in einer heißen Grillpfanne von jeder Seite 3 Minuten braten. Dabei mit Salz und Pfeffer würzen. Im Backofen (Mitte) in 10–15 Minuten fertig garen.

Inzwischen den Couscous mit den Aprikosen in eine Schüssel füllen. Mit Salz und Pfeffer würzen und gut mischen. Die heiße Brühe dazugießen, die Schüssel abdecken und alles 10 Minuten ruhen lassen.

Den Couscous mit einer Gabel auflockern. Zitronensaft, Olivenöl, Mandelblättchen, Spinatblätter und Feta unterheben.

Das Fleisch aus dem Ofen nehmen und abkühlen lassen. In dünne Streifen schneiden und unter den Couscous mischen.

Couscous-Kichererbsen-Salat

Der Salat ist reich an Ballaststoffen, fettarm und schnell gemacht. Im Kühlschrank hält er sich 3 Tage. Man kann ihn also gut am Sonntagabend zubereiten und montags oder dienstags mit ins Büro nehmen. Mit Ziegenfrischkäse schmeckt er auch auf einem Sandwich.

Für 4 Personen

200 g Instant-Couscous
40 g Rosinen
1 TL gemahlener Kreuzkümmel
1 TL gemahlener Koriander
½ TL gemahlener Zimt
Meersalz und schwarzer Pfeffer aus der Mühle
350 ml heiße Hühnerbrühe
100 g Kichererbsen (aus der Dose), abgespült und abgetropft
2 EL Zitronensaft
3 EL natives Olivenöl extra
½ rote Zwiebel, fein gehackt
2 EL fein gehackte glatte Petersilie

Couscous, Rosinen und Gewürze in eine große Schüssel geben. Mit Salz und Pfeffer würzen und gut vermischen. Die heiße Brühe dazugießen, die Schüssel abdecken und alles 10 Minuten ruhen lassen.

Den Couscous mit einer Gabel auflockern. Kichererbsen, Zitronensaft, Olivenöl, Zwiebel und Petersilie unterheben.

Sommerlicher Reissalat

Der frische Salat aus Norditalien ist perfekt als leichtes Abendessen.

Für 2 Personen

100 g Langkornreis
70 g TK-Erbsen (oder grüne TK-Bohnen)
70 g Maiskörner (aus der Dose)
100 g Kirschtomaten, halbiert
2 Eier, hart gekocht
1 Schuss Olivenöl
Saft von 1 Zitrone
Meersalz und schwarzer Pfeffer aus der Mühle

Den Reis kalt abspülen und in kochendem Wasser 15–20 Minuten garen. In ein Sieb abgießen, kalt abschrecken und abtropfen lassen. Den Reis abkühlen lassen.

Die Erbsen in kochendem Wasser 5 Minuten garen. In ein Sieb abgießen, kalt abschrecken und abtropfen lassen. Reis, Erbsen, Mais und Tomaten in einer Schüssel mischen.

Die Eier in Achtel schneiden und zum Salat geben. Öl und Zitronensaft über den Salat träufeln, mit Salz und Pfeffer würzen und sorgfältig mischen.

Bananenkuchen

Der Kuchen stillt auf gesunde Weise die Lust auf Süßes, die uns nachmittags gerne überfällt. Er hält sich mindestens 1 Woche. Aus dem Teig kann man auch Muffins backen. Wer mag, hebt noch gehackte Pekannuss- oder Walnusskerne unter.

Ergibt 12 Stücke

125 g Butter, plus Butter für die Form
150 g heller Rohrzucker
2 Eier, verquirlt
3 sehr reife Bananen, zerdrückt
250 g Mehl
1 EL Backpulver
½ TL frisch geriebene Muskatnuss
1 Prise Meersalz

Den Backofen auf 180 °C (Umluft 160 °C) vorheizen. Eine Kastenform (25 cm lang) mit Butter ausstreichen und mit Backpapier auslegen.

Butter und Zucker in einer Schüssel schaumig schlagen. Die Eier einzeln unterrühren. Die Bananen untermischen.

Mehl, Backpulver, Muskat und Salz behutsam mit einem Schneebesen oder Teigschaber unterheben. (Es ist für das Gelingen des Kuchens wichtig, dass die trockenen Zutaten nicht einfach untergerührt, sondern untergehoben werden).

Den Teig in die Form füllen und im Ofen (Mitte) 50–60 Minuten backen. Zur Garprobe gegen Ende der Backzeit mit einem Holzstäbchen in die Mitte des Kuchens stechen. Wenn beim Herausziehen kein Teig mehr daran haftet, ist der Kuchen fertig.

Den Kuchen kurz in der Form abkühlen lassen, dann auf ein Gitter stürzen und vollständig auskühlen lassen.

Smoothie mit Pfirsich und Honig

Ich bemühe mich, möglichst jeden Tag einen Smoothie zu trinken. Er sorgt für neue Energie und schmeckt auch mit Heidelbeeren, Erdbeeren oder Himbeeren prima.

Für 1 Person

150 g Pfirsiche, enthäutet und in Scheiben geschnitten
½ Banane
1 EL Honig
200 g Naturjoghurt
4 Eiswürfel

Alle Zutaten in den Mixer füllen und fein pürieren. In einem hohen Glas servieren.

Ladies Smoothie

Dieser Drink enthält alles, was wir Mädels jeden Tag brauchen: Kalzium, Magnesium und viel Vitamin C. Nach einem Glas sprüht man vor Energie.

Für 2 Personen

1 kleines Bund Petersilie
5 kleine Äpfel
1 Handvoll Alfalfasprossen
1 Mango
1 reife Banane
1 TL Tahini (Sesampaste)
1 EL Honig
Eiswürfel (nach Wunsch)

Petersilie und Äpfel in den Entsafter füllen und pressen. Den Saft mit den übrigen Zutaten in den Mixer geben und 20 Sekunden pürieren. Den Smoothie nach Wunsch schön kühl mit Eiswürfeln in hohen Gläsern servieren.

Küchenfee-Smoothies

• Frische Früchte sind nicht lange haltbar. Deshalb lieber in kleinen Portionen einfrieren und nach Bedarf für einen Smoothie pürieren. So braucht man nicht einmal Eiswürfel.

• Zum Pürieren zuerst die Flüssigkeit und dann die festen Zutaten in den Mixer füllen.

• Smoothies lassen sich auch einfrieren. Dabei einen ausreichend großen Behälter wählen, denn Flüssigkeiten dehnen sich beim Tiefkühlen aus.

• Mangos und Bananen süßen auf natürliche Art.

Knusperjoghurt

Joghurt werden viele gute Eigen-
schaften zugeschrieben: So soll
er das Immunsystem stärken,
Infektionen verhindern und den
Cholesterinspiegel senken. Durch
seinen hohen Kalziumgehalt
stärkt er die Knochen und kann
möglicherweise sogar Arthritis
lindern. Seine keimtötende
Wirkung verhindert Mundge-
ruch und manchmal hilft er bei
Magengeschwüren und chroni-
schen Darmentzündungen.

Für 4 Personen

50 g Haselnusskerne, grob gehackt
50 g Mandeln, grob gehackt
80 g Sultaninen
1 TL gemahlener Zimt
400 g griechischer Joghurt

Nüsse und Mandeln in einer Pfanne bei
mittlerer Hitze 3 Minuten rösten. Dabei alle
30 Sekunden umrühren, damit sie gleichmäßig Farbe annehmen.

Nüsse, Mandeln, Sultaninen und Zimt in einer
kleinen Schüssel mischen. Den Joghurt in
vier kleine Gläser verteilen. Auf jede Portion
ein Viertel der Nussmischung streuen.

Schoko-Nuss-Cookies

Zwei Tage habe ich probiert, bis dieses Rezept perfekt war. Die Kekse zergehen auf der Zunge und enthalten reichlich Schokolade und Nüsse.

Ergibt 24 Stück

250 g weiche Butter
120 g Zucker
300 g Mehl
1 TL Backpulver
80 g Schokotröpfchen (70 % Kakaoanteil)
70 g Haselnusskerne, grob gehackt

Den Backofen auf 180 °C (Umluft 160 °C) vorheizen. (Die Bleche einzufetten oder mit Backpapier zu belegen, ist nicht notwendig.)

Butter und Zucker in einer Schüssel schaumig schlagen. Mehl und Backpulver darübersieben. Schokotröpfchen und Haselnüsse daraufstreuen und alles rasch vermischen.

Aus dem Teig mit den Händen 24 kleine Kugeln formen. Die Kugeln mit ausreichend Abstand auf zwei Backbleche setzen.

Die Kugeln mit der Rückseite einer angefeuchteten Gabel flach drücken. Die Plätzchen im Ofen (Mitte) 13–15 Minuten backen, bis sie goldbraun und fest sind.

Herausnehmen, vorsichtig auf ein Kuchengitter legen und auskühlen lassen.

Feentrick

Nüsse zerkleinern

Ein sauberes Geschirrtuch auf der Arbeitsfläche ausbreiten. Auf einer Hälfte die Nusskerne verteilen, die andere Hälfte darüberschlagen. Jetzt mit dem Nudelholz kräftig auf die Nüsse klopfen. Prima bei Stress! Danach sind die Nüsse klein, und ihr seid ganz entspannt.

Alles Käse

Ein paar Stücke guten Käse habe ich immer im Kühlschrank. Man braucht dazu nur noch etwas frisches Brot, ein bisschen Butter oder Chutney, einen Apfel – und schon liegt eine leckere kleine Mahlzeit auf dem Teller.

Das Käsefach im Kühlschrank ist so etwas wie eine Unterabteilung des Vorratsschranks. Und eine kleine Käseauswahl in einer luftdicht schließenden Kunststoffdose ist wirklich ein Geschenk des Himmels: für eine schnelle Mahlzeit, als kleiner Snack zwischendurch oder für unerwartete Gäste …

Ich kaufe immer wieder andere Käsesorten, denn ich will alle probieren. Auch als Mitbringsel bei Essenseinladungen schenke ich oft ein besonderes Stück Käse vom Bauernmarkt oder aus dem Feinkostladen.

Am liebsten serviere ich Käse mit Crackern, denn die lenken am wenigsten von seinem Eigengeschmack ab. Und als kleine Gaumenerfrischung zwischendurch biete ich statt Weintrauben lieber geschälte Apfelspalten an. Zu Hartkäse passt gut ein Chutney, etwa mein Apfelchutney oder Feigenkonfitüre (siehe Seite 18 und 21).

Käsesorten
Eine Käseauswahl im Restaurant enthält in der Regel verschiedene Sorten Hartkäse, Schnittkäse, Weichkäse, Frischkäse und Blauschimmelkäse.

Hartkäse (z. B. Emmentaler, Greyerzer, Parmesan): Muss monatelang reifen. Dabei verliert er viel Feuchtigkeit und ist daher besonders gut lagerfähig. Kräftiger Geschmack, in der Küche vielseitig verwendbar.

Schnittkäse (z. B. Edamer, Gouda, Leerdammer): Hält sich im Kühlschrank 3–4 Wochen und besitzt ausgezeichnete Schmelzeigenschaften.

Weichkäse (z. B. Camembert, Brie): Wird am besten ausgereift gekauft und innerhalb weniger Tage verbraucht. Wie alle Käse mit Raumtemperatur servieren.

Frischkäse (z. B. Ricotta, Mozzarella, Hüttenkäse): Wie für alle Käse wird die Milch mithilfe von Lab dickgelegt, dann muss die Molke ablaufen. Anschließend wird die Käsemasse in Formen gefüllt. Für Spezialitäten wie Mozzarella oder Burrata wird die Käsemasse in der heißen Molke oder in Salzlake geknetet, damit sie ihre charakeristische Konsistenz annimmt.

Bis auf wenige Ausnahmen ist Frischkäse mild im Geschmack. Deshalb lässt er sich gut mit kräftigen Aromen kombinieren, etwa mit Kräutern, Früchten und sogar mit Speck. Er enthält vergleichsweise viel Eiweiß und Kalzium, aber wenig Fett.

Doch Frischkäse ist nicht lange haltbar und muss deshalb möglichst sofort verbraucht werden. Beim Kauf sollte er keinen Schimmelflor aufweisen und nach frischer Milch duften. Unbedingt gekühlt aufbewahren und das Haltbarkeitsdatum beachten.

Ricotta und Mascarpone eignen sich perfekt für Desserts und Kuchen, sind aber auch für Nudelgerichte unentbehrlich. Zum Beispiel zusammen mit frischen Kräutern in einer Tomatensauce oder mit gebratenen Pilzen, Estragon und etwas Parmesan unter frisch gekochte Nudeln gemischt. Dazu ein Glas kühler Weißwein und ein frischer Salat – perfekt. Und in weniger als 10 Minuten fertig.

Frischkäse ist ein tolles Produkt – viel zu schade, um immer nur als Statist bei Desserts und Pizza mitzuspielen. Gebt ihm die Chance für eine Hauptrolle.

Blauschimmelkäse (etwa Gorgonzola, Stilton, Roquefort): Aus Kuh- oder Schafsmilch, mit Schimmelkulturen geimpft. Fein in Salaten oder mit Früchten, etwa Birnen. Für Blauschimmelkäse wird die Käsemasse zunächst zerkleinert und in Formen gefüllt, die täglich gewendet werden müssen. Nach einigen Wochen impft man die Laibe mithilfe von Metallnadeln mit speziellen Pilzkulturen, die für die charakteristische bläulichgrüne Maserung und den intensiven Geschmack sorgen.

Büffelmozzarella

Mozzarella ist einer der beliebtesten Käse überhaupt. Aber nur zu oft sind die zähen Scheiben, die beim Italiener serviert werden, keine kulinarische Offenbarung. Wer den echten Geschmack kennenlernen will, greift zu Mozzarella di Bufala Campana. Dieser Frischkäse mit geschützter Herkunftsbezeichnung (DOP) wird in Kampanien (Süditalien) aus der Milch von Wasserbüffeln hergestellt. Weich und cremig in der Konsistenz, duftet er süß nach Milch und Sahne. Dazu sonnengereifte Tomaten, frisches Basilikum und gutes Olivenöl – göttlich. Ich serviere ihn auch gern in kleinen Stücken mit Parmaschinken und reifen Pfirsichen. Dem Mozzarella recht ähnlich, aber seltener zu finden ist Burrata. Sein Inneres ist fast flüssig und besonders sahnig. Mozzarella wie Burrata möglichst nicht lagern, sondern ganz frisch servieren.

Ziegenkäse für Kenner

Junger Ziegenkäse ist mild und weich. Je länger er reift, desto fester wird er. Sein Geschmack wird intensiver und ein wenig scharf. Wie alle Käse gewinnt er durch Lagerung Tiefe und intensives Aroma. Man findet Ziegenkäse in Wein- oder Kastanienblätter gewickelt, in Chili oder Kräutern gewälzt, um ihn zu aromatisieren. Manche werden auch mit Asche bestäubt, die dem Käse Feuchtigkeit entzieht. Besonders empfehlenswert sind:

Aus Frankreich Crottin de Chavignol, ein »pur chèvre« von der Loire, der in verschiedenen Reifestadien angeboten wird: von frisch und mild bis hin zu hart und bröcklig. Ich mag ihn am liebsten nach etwa 4 Wochen. Er schmeckt auch gratiniert auf einem grünen Salat. Dazu passt ein Sancerre oder ein Pouilly fumé.

Aus Italien Robbiola di Roccaverano, ein Weichkäse aus roher oder pasteurisierter Milch, der im Piemont in den Provinzen Asti und Alessandria produziert wird. Er kommt in kleinen runden Laiben von etwa 500 g auf den Markt. Dazu passt ein Moscato d'Asti.

Aus Spanien Cabra del Tiétar, frisch oder 2–3 Monate gereift, mit nussigem Aroma, häufig auch mit Kräutern gewürzt. Dazu passt ein Pinot noir oder ein nicht zu trockener Sherry.

Aus England Little Wallop, der mit Cider Brandy eingerieben und in Weinblätter gewickelt wird. Nach einer Reifezeit von 3 Wochen entwickelt er Aromen von Äpfeln und Pilzen. Dazu passt ein Riesling.

Aus Irland Bluebell Falls, ein Ziegenfrischkäse in Rollenform, wird natur, mit Honig oder Pfeffer angeboten. Dazu passt ein Sauvignon blanc oder ein Pinot noir.

Ganz entspannt genießen

Dekorieren mit Blumen

Wochenendbrunch

Sonntagsbraten & Co.

Picknick de luxe

Alles für die Teestunde

Essen und relaxen

Gebäck frisch aus dem Ofen.

Perfekt fürs Brunchbüfett:
Eier in jeglicher Form.

Damit alle satt und
glücklich werden: Essen,
das Leib und Seele wärmt.

Dekorieren mit Blumen

An einem regnerischen Frühlingsmorgen öffne
ich die Wohnzimmertür und sehe, dass die Oster-
glocken in der Vase über Nacht aufgeblüht sind.
So leuchtend und schön stehen sie da, dass man einfach gute Laune
bekommen muss. Dieser Strauß hat nicht viel gekostet und der Aufwand steht in keinem Verhältnis zur Freude, die er macht. Wie der
Duft von frisch gebrühtem Kaffee oder frisch gebackenem Brot
machen frische Blumen ein Haus zu einem Heim.

Als Vase eignet sich jedes wasserdichte Gefäß. Ich kombiniere zum
Beispiel gern alte Apothekergläser oder Milchflaschen mit meinen
Vasen. Dann aber beschränke ich mich im ganzen Haus auf eine Blu-
mensorte. Ein großer Strauß Tulpen, Rosen oder Chrysanthemen
lässt sich gut auseinandernehmen und auf einzelne Gefäße verteilen,
statt komplett in einer Vase zu stehen. So entfalten die einzelnen
Blüten mehr Wirkung und kommen viel besser zur Geltung.

Geschenkbänder verleihen Vasen einen farbigen Akzent und geben
einem Blumenarrangement das gewisse Etwas. Und noch ein Tipp:
Kauft immer die Blumen, die gerade Saison haben. Dann sind
sie nämlich am schönsten, und ihr könnt euch das Jahr
über an immer anderen Sorten erfreuen.

Wochenend-brunch

Unter der Woche reicht die Zeit morgens oft nur für eine schnelle Scheibe Brot. Aber am Wochenende gibt es nichts Schöneres, als endlich einmal in Ruhe auszuschlafen und dann einen ausgedehnten Brunch zu genießen – am liebsten im Pyjama.

Die Kunst des Brunchens wird vor allem in den USA gepflegt, und von dort habe ich die besten Tipps mitgebracht.
Für einen entspannten Brunch richtet man die Speisen am besten als Büfett an. So kann man viele verschiedene Gerichte anbieten und muss trotzdem nicht den ganzen Vormittag in der Küche stehen, um alles frisch zu servieren. Eine gute Wahl sind zum Beispiel Klassiker wie die Eier Florentiner Art (siehe Seite 57). Pfannkuchen und Muffins (siehe Seite 65, 66) lassen sich perfekt vorbereiten und kommen immer an. Auch etwas Süßes darf nicht fehlen, etwa Arme Ritter mit Zimt und Honig-Mascarpone (siehe Seite 64).

Da sich ein Brunch meist über mehrere Stunden erstreckt, braucht man auch eine gute Auswahl an Getränken: zum Start einen frisch gepressten Orangensaft, dann Milchkaffee oder Cappuccino, aber auch für Teetrinker sollte gesorgt sein. Wenn dann noch genügend Prosecco oder Weißwein kühl steht, kann eigentlich nichts mehr schief gehen.

Croque-Madame

Kein Parisbesuch ohne ein Croque-Monsieur im »Café de Flore«. Der Croque-Monsieur ist ein überbackenes Schinken-Käse-Sandwich, beim Croque-Madame ersetzt ein Spiegelei die obere Brotscheibe. Meine etwas leichtere Version kommt ohne Spiegelei für die Dame aus.

Für 2 Personen

4 Scheiben Weißbrot
20 g Butter
1 EL Dijonsenf
2 Scheiben gekochter Schinken, halbiert
6 EL Greyerzer, gerieben
Meersalz und schwarzer Pfeffer aus der
   Mühle

Den Backofengrill vorheizen. Die Brotscheiben unter dem Grill (oben) von einer Seite rösten. Herausnehmen.

Die Brote auf der ungerösteten Seite zuerst dünn mit Butter, dann mit Senf bestreichen. Jeweils mit einer halben Schinkenscheibe belegen. Den Käse gleichmäßig auf dem Schinken verteilen.

Die Toasts mit Salz und Pfeffer würzen und unter dem heißen Grill (oben) überbacken, bis der Käse geschmolzen ist.

Feentrick

Eier kochen

In einem Topf Wasser mit etwas Salz aufkochen. Die Eier hineinlegen, dabei sollte das Wasser 2,5 cm über den Eiern stehen. Sobald das Wasser wieder kocht, die Zeit stoppen: Ein noch recht flüssiges Ei benötigt 3 Minuten, ein weiches Ei 4 Minuten, ein wachsweiches Ei 5–6 Minuten und ein hart gekochtes Ei mindestens 8 Minuten.

Eier Florentiner Art

Wer nach New York kommt, sollte unbedingt einmal am Sonntagvormittag ins »Baltazar« gehen. Dort gibt es diesen Brunchklassiker mit frischen Artischocken. Und keine Angst vor der Hollandaise – mit einem Handrührgerät ist sie ein Kinderspiel.

Für 2 Personen

Sonnenblumenöl zum Braten
4 Scheiben durchwachsener Speck
1 Schuss Essig
4 Eier
50 g Butter
150 g Spinatblätter, Stängel abgezupft

Für die Sauce hollandaise
100 g Butter
2 Eigelb
Saft von 1 Zitrone
Meersalz und schwarzer Pfeffer
  aus der Mühle

Eine Pfanne bei mittlerer Hitze erwärmen. Wenig Öl hineingeben und den Speck darin knusprig goldbraun braten. Im Backofen warm stellen.

Für die Sauce hollandaise die Butter in einem Töpfchen schmelzen. Eigelbe und Zitronensaft in eine Rührschüssel geben. Mit dem Handrührgerät bei mittlerer Geschwindigkeit verquirlen, dabei langsam die flüssige Butter zugießen. Weiterrühren, bis die Sauce cremig ist. Mit Salz und Pfeffer würzen.

Für die pochierten Eier in einem großen Topf reichlich Wasser mit Essig aufkochen. Die Eier einzeln in Tassen aufschlagen. Wenn das Wasser aufwallt, mit einem Kochlöffel kräftig umrühren und die Eier nacheinander hineingleiten lassen (siehe auch Trick). Bei mittlerer Hitze 3 Minuten garen.

Inzwischen die Butter in einer Pfanne stark erhitzen. Den Spinat einstreuen und zusammenfallen lassen.

Die Spinatblätter auf vorgewärmte Teller verteilen. Jeweils 2 Eier darauf anrichten, mit Hollandaise überziehen und mit Speckstreifen belegen. Mit Toast servieren.

Frühstücks-Frittata

Ideal für ein großes Brunch-büfett. Die Zubereitung dauert etwa 20 Minuten. Die fertige Frittata kann man dann im Ofen warm halten und in aller Ruhe Kaffee machen und Milch aufschäumen.

Für 4 Personen

8 Eier
Meersalz und schwarzer Pfeffer aus der Mühle
4 EL Olivenöl
1 Zwiebel, in Scheiben geschnitten
150 g Kartoffeln, geschält und gewürfelt
4 Würstchen, in 2 cm dicke Scheiben geschnitten
100 g Frühstücksspeck, in Streifen geschnitten
2 Tomaten, in Achtel geschnitten
gehackte Petersilie zum Bestreuen

Die Eier in eine große Schüssel aufschlagen. Mit Salz und Pfeffer würzen und verquirlen.

In einer ofenfesten Pfanne (30 cm Ø) 3 EL Öl bei mittlerer Hitze erwärmen. Zwiebel und Kartoffeln darin bei schwacher Hitze in etwa 10 Minuten weich braten. Dabei regelmäßig umrühren. Zu den Eiern geben. Mit Salz und Pfeffer würzen und mischen.

In der Pfanne 1 EL Öl bei schwacher Hitze erwärmen. Würstchen und Speck darin 5 Minuten braten. Ebenfalls unter die Eier-mischung rühren.

Den Backofengrill vorheizen. Die Pfanne wieder auf den Herd stellen, bei Bedarf noch etwas Öl hineingeben. Die Eiermischung in die Pfanne gießen und etwa 10 Minuten stocken lassen, bis die Unterseite fest ist.

Die Tomatenachtel auf der Frittata verteilen. Die Frittata unter dem heißen Backofengrill (oben) in 5 Minuten goldbraun überbacken.

Feentrick

Zutatentausch

Für eine vegetarische Frittata statt Speck und Würstchen Räucher-lachs und Ziegenfrischkäse oder Ricotta verwenden. Auch sehr lecker: die spanische Variante mit Chorizo und Manchegokäse.

Eier im Näpfchen

Spiegeleier oder gekochte Eier gibt's überall, aber Eier im Näpfchen sind etwas Besonderes. Doch Vorsicht: Niemals mehr als ein bis zwei Eier pro Näpfchen garen, sonst backen sie außen zu schnell und bleiben innen flüssig.

Für 2 Personen

25 g Butter
4 Eier
50 g Greyerzer (oder Gouda), gerieben
1 TL Senf
1 EL Sahne
Meersalz und schwarzer Pfeffer aus der Mühle

Den Backofen auf 180 °C (Umluft 160 °C) vorheizen. Zwei flache Auflaufförmchen mit Butter ausstreichen und in jedes 2 Eier aufschlagen.

Käse, Senf und Sahne in einer kleinen Schüssel verrühren. Mit Salz und Pfeffer würzen und auf den Eiern verteilen. Die Eier im Ofen (Mitte) 10 Minuten garen.

Mit Toaststreifen zum Dippen servieren.

Varianten

Zusätzlich 70 g Frühstücksspeck in feinen Streifen in die Käsemischung geben.

Statt der Käsemischung 4 dünne Scheiben Chorizo auf die Eier legen.

Etwas Butter in einer Pfanne erhitzen und 50 g Babyspinat darin zusammenfallen lassen. Zuerst den Spinat in den Förmchen verteilen, dann die Eier darüberschlagen.

Für eine knusprige Kruste die Käsemischung noch mit Semmelbröseln bestreuen.

Feentrick

Frischetest

Ist das Ei denn noch frisch? Einfach in ein Glas mit Wasser legen zum Testen. Ein frisches Ei sinkt auf den Boden. Je älter das Ei, umso mehr richtet es sich auf.

Ganz entspannt genießen

Gebackene Bohnen

Für ein echtes *english breakfast* unentbehrlich. Die Bohnen schmecken am besten, wenn sie schon am Vortag zubereitet und dann aufgewärmt werden. Für mehr Würze noch zwei Teelöffel mittelscharfes Currypulver zugeben. Im Kühlschrank 1 Woche haltbar.

Für 4 Personen

Olivenöl zum Braten
3 Schalotten, in feine Scheiben geschnitten
1 Knoblauchzehe, zerdrückt
200 g passierte Tomaten
2 EL Apfelessig
1 EL heller Zuckerrohrsirup oder Vollrohrzucker
Meersalz und schwarzer Pfeffer aus der Mühle
200 g weiße Bohnen, gegart

Das Olivenöl in einem Topf bei mittlerer Hitze erwärmen. Schalotten und Knoblauch darin 2–3 Minuten anschwitzen.

Passierte Tomaten, Essig, Sirup, Salz und Pfeffer dazugeben und 5 Minuten köcheln lassen.

Die Bohnen einrühren und zugedeckt etwa 1¼ Stunden bei schwacher Hitze garen. Heiß auf gebutterten Toastscheiben oder geröstetem Ciabatta servieren.

Frischer Obstsalat

Nicht nur auf dem Brunchbüfett eine willkommene Abwechslung. Dieser frische italienische Obstsalat ist gesund und schmeckt immer.

Für 4 Personen

2 Bananen
1 Pfirsich
1 Apfel
1 Kiwi
1 Orange
10 Weintrauben
Saft von 1 Zitrone
1 TL Zucker (nach Wunsch)

Die Früchte schälen, in Stücke schneiden und in eine große Schüssel füllen. 200 ml Wasser und den Zitronensaft dazugießen und alles gut mischen. Den Salat nach Wunsch mit Zucker bestreuen. Ist das Obst jedoch schön reif, muss er nicht gesüßt werden.

Vor dem Servieren abgedeckt 1 Stunde im Kühlschrank durchziehen lassen.

Arme Ritter mit Zimt und Honig-Mascarpone

In den angelsächsischen Ländern ein Brunch-Klassiker. Am besten schmecken sie mit Brioche. Anstelle von Zimt ist frisch geriebene Muskatnuss einen Versuch wert. Und wer es lieber herzhaft mag, isst statt Honig-Mascarpone eine Scheibe gebratenen Speck dazu.

Für 4 Personen

Für die Armen Ritter
150 ml Milch
4 Eier
2 TL gemahlener Zimt
8 Scheiben altbackene Brioche (oder Weißbrot)
50 g Butter

Für den Honig-Mascarpone
200 g Mascarpone
2 EL Honig
½ Päckchen Vanillezucker

Milch, Eier und Zimt in einer Schüssel verquirlen. Die Briochescheiben hineinlegen und einige Minuten einweichen.

Inzwischen für den Honig-Mascarpone alle Zutaten miteinander verrühren.

Die Butter in einer Pfanne erhitzen. Die Briochescheiben darin portionsweise bei mittlerer Hitze von beiden Seiten goldbraun braten. Herausnehmen und mit einem Klecks Honig-Mascarpone servieren.

Amerikanische Blaubeer-Pfannkuchen

Frisch aus der Pfanne, mit Ahornsirup übergossen – die Pfannkuchen sind ein amerikanischer Klassiker. Den Teig kann man schon am Vorabend zusammenrühren, dann sind die Küchlein am nächsten Morgen schnell gebacken. Sie schmecken auch mit Himbeeren oder Schokotröpfchen fabelhaft.

Ergibt 10 Stück

200 g Mehl
2 TL Backpulver
70 g Zucker
1 Ei
300 ml Milch
100 g Butter (davon 50 g zerlassen oder
  2 EL Pflanzenöl)
250 g Blaubeeren (Heidelbeeren)
Ahornsirup zum Servieren

Für den Teig das Mehl mit Backpulver und Zucker in eine große Schüssel sieben. In die Mitte eine Vertiefung drücken.

In einer zweiten Schüssel das Ei mit der Milch verquirlen. Die Eiermilch in die Vertiefung gießen und alles mit einem Schneebesen sorgfältig glatt rühren. Den Teig mindestens 1 Stunde im Kühlschrank quellen lassen.

Kurz vor dem Backen die flüssige Butter in den Teig rühren. Sie verhindert das Ankleben in der Pfanne. Die Blaubeeren unterziehen.

Etwas Butter in einer beschichteten Pfanne (28 cm Ø) bei mittlerer Hitze erwärmen und gut verteilen. Pro Pfannkuchen 4 Esslöffel Teig in die Pfanne geben und nebeneinander drei Pfannkuchen backen. Dazwischen ausreichend Abstand lassen. Wenn auf der Oberfläche Bläschen erscheinen, die Pfannkuchen wenden und die zweite Seite goldgelb braten.

Fertig gebackene Pfannkuchen herausheben und auf einen vorgewärmten Teller legen. Mit Alufolie abdecken und im Backofen warm halten.

Zum Servieren alle Pfannkuchen auf eine Platte legen und mit Ahornsirup beträufeln.

Beerige Muffins

Ich backe diese Muffins am liebsten mit Buttermilch, dann schmecken sie besonders leicht und frisch, aber normale Milch geht auch. Einen Becher Buttermilch solltet ihr sowieso immer im Kühlschrank haben. Hier hält sie sich etwa 1 Monat.

Ergibt 12 Stück

400 g Mehl
1 EL Backpulver
170 g Zucker
abgeriebene Schale von 1 Bio-Orange
1 Prise Meersalz
280 ml Buttermilch
2 Eier, verquirlt
80 g Butter, zerlassen, plus Butter für die Form
250 g Brombeeren, Heidelbeeren oder Himbeeren

Den Backofen auf 200 °C (Umluft 180 °C) vorheizen. Ein Muffinblech (mit 12 Vertiefungen) mit Butter ausstreichen.

Mehl, Backpulver, Zucker, Orangenschale und Salz in einer großen Schüssel mischen. In die Mitte eine Vertiefung drücken.

In einer zweiten Schüssel Buttermilch, Eier und flüssige Butter verrühren. Die Mischung in die Vertiefung gießen und alles zügig verrühren. Die Beeren unterheben und den Teig in die Form füllen.

Im Ofen (Mitte) 15–20 Minuten backen, bis die Muffins goldbraun sind. Zur Garprobe mit einem Holzstäbchen in ein Küchlein stechen. Wenn beim Herausziehen kein Teig mehr daran haftet, sind die Muffins fertig. Leicht abgekühlt aus der Form lösen.

Feentrick

Beerentausch

Für Schokomuffins die Beeren durch 150 g dunkle Schokotröpfchen ersetzen. Für Cranberrymuffins statt der frischen Beeren 200 g getrocknete Cranberrys unterheben.

Hausgemachtes Müsli

Meistens mache ich gleich die doppelte Menge und bewahre die Müslimischung in Einmachgläsern auf. Ich liebe die knusprigen Flocken zum Frühstück mit Milch oder Joghurt. Zur Abwechslung kann man das Müsli auch mal mit einem Teelöffel Zimt würzen.

Für 12 Portionen

300 g grobe Haferflocken
100 g getrocknete Feigen
100 g getrocknete Aprikosen
70 g getrocknete Cranberrys
180 g gemischte Nusskerne (Mandeln, Haselnüsse, Walnüsse)
50 g Kürbiskerne
50 g Sonnenblumenkerne

Den Backofen auf 190 °C (Umluft 170 °C) vorheizen.

Die Haferflocken auf einem Backblech verteilen und im Ofen (Mitte) in 15 Minuten goldgelb rösten. In eine große Schüssel füllen und abkühlen lassen.

Die Trockenfrüchte und Nusskerne grob hacken. Mit Kürbiskernen und Sonnenblumen-kernen zu den Flocken geben und alles gut vermischen.

Das Müsli in einen luftdicht schließenden Behälter füllen. Mit frischer Milch oder Natur-joghurt servieren.

Pekannuss-Schnecken

Süß, saftig und unheimlich lecker – von diesen Schnecken am besten gleich viele backen. Sie sind nämlich im Nu weg.

Ergibt 16 Stück

FÜR DEN TEIG
450 g Mehl, plus Mehl zum Arbeiten
50 g Zucker, plus 1 Prise für die Hefe
1 TL Meersalz
85 g kalte Butter, gewürfelt
7 g frische Hefe
150 ml lauwarme Milch
2 Eier
Pflanzenöl für die Schüssel

FÜR DIE FÜLLUNG
100 g Pekannusskerne
85 g brauner Zucker
2 TL gemahlener Zimt
flüssige Butter zum Bestreichen

FÜR DEN BELAG
100 g Pekannusskerne, gehackt
125 g Butter, zerlassen
50 g brauner Zucker
125 ml Ahornsirup

Für den Teig Mehl, Zucker und Salz in eine große Schüssel füllen. Die Butterwürfel dazugeben und alles mit den Fingerspitzen zu feinen Krümeln verreiben.

Die Hefe zerbröseln und mit 1 Prise Zucker in der Milch auflösen. Die Hefemilch mit den Eiern verquirlen, dann zu den Teigkrümeln in die Schüssel gießen. Alles gut vermischen.

Den Teig auf der bemehlten Arbeitsfläche 10–15 Minuten mit den Händen durchkneten. Eine Schüssel mit Öl auspinseln. Den Teig hineinlegen und mit einem angefeuchteten Geschirrtuch abdecken. An einem warmen Ort 1 Stunde gehen lassen, bis er sein Volumen verdoppelt hat.

Für die Füllung Nüsse, Zucker und Zimt im Mixer fein zerkleinern. Ein Backblech mit Backpapier belegen.

Den Teig nochmals 5 Minuten durchkneten, dann halbieren. Jede Portion auf der bemehlten Arbeitsfläche zu einem Rechteck (25 x 35 cm) ausrollen und mit flüssiger Butter bestreichen.

Auf jedes Rechteck die Hälfte der Füllung streuen und mit dem Nudelholz andrücken. Von der kurzen Seite her aufrollen und jede Rolle in 8 Scheiben schneiden. Die Schnecken mit ausreichend Abstand aufs Blech setzen.

Für den Belag Nüsse, flüssige Butter, Zucker und Sirup verrühren. Die Schnecken von beiden Seiten mit der Nussbutter bestreichen. Mit einem Geschirrtuch abdecken und an einem warmen Ort nochmals 30 Minuten aufgehen lassen.

Den Backofen auf 190 °C (Umluft 170 °C) vorheizen. Die Schnecken im Ofen (Mitte) 20 Minuten backen. Vor dem Servieren abkühlen lassen.

Bloody Mary

Der ideale Cocktail für einen schönen Sonntagsbrunch – ganz besonders, wenn es am Abend vorher spät geworden ist ... Ohne Wodka wird aus der Bloody Mary eine Virgin Mary.

Für 1 Person

4 cl Wodka (etwa 2 Verschlusskappen)
Saft von ½ Zitrone
5 Spritzer Worcestersauce
3 Spritzer Tabasco
180 ml Tomatensaft
Meersalz und schwarzer Pfeffer aus der Mühle
3 Eiswürfel
1 Selleriestange zum Servieren

Wodka, Zitronensaft, Worcestersauce, Tabasco und Tomatensaft in ein hohes Glas füllen. Mit Salz und Pfeffer würzen und mit einem Löffel gut umrühren.

Die Eiswürfel dazugeben und den Cocktail mit einer Selleriestange garniert servieren.

Feentrick

Cocktails zum Brunch

Für einen Bellini 3 reife weiße Pfirsiche häuten, halbieren und entkernen. Das Fruchtfleisch mit dem Pürierstab oder im Mixer pürieren. Das Püree auf 6 Sektgläser verteilen, mit Prosecco aufgießen und umrühren.

Für einen Mimosa 500 ml frisch gepressten Orangensaft kalt stellen. 6 Sektgläser zu je einem Drittel mit dem Saft füllen, mit Sekt oder Champagner aufgießen.

Sonntags-braten & Co.

Warum nicht einmal am Sonntagmittag Freunde und Familie um den Esstisch versammeln? Alle haben Zeit und wer mag, hilft beim Kochen und Tischdecken mit. Statt sorgfältig auf Tellern angerichtet, wird das Essen auf großen Platten und in Schüsseln herumgereicht.

Ein saftiger Braten, eine Schüssel mit Gemüse, zum Abschluss etwas Süßes - und alle sind glücklich. Aber was wäre der schönste Braten ohne eine leckere Sauce? Während das Fleisch ruht, bleibt genügend Zeit, um aus dem Bratensatz eine feine Sauce zu zaubern. Dafür den Bräter auf den Herd stellen und bei mittlerer Hitze 2–3 Minuten erhitzen. Etwas Brühe dazugießen und alles, was am Boden angesetzt hat, abschaben – das sind die Röststoffe, die der Sauce ihr Aroma geben. Nach Wunsch noch etwas Wein oder Sahne einrühren und die Sauce durch ein Sieb in eine Saucenschüssel gießen.

Zu einem richtigen Sonntagsbraten gehören natürlich Röstkartoffeln. Dafür die Kartoffeln zuerst schälen und mit Wasser bedeckt etwa 10 Minuten vorkochen. Dann abgießen und in Olivenöl (oder Gänseschmalz) anbraten. Die Kartoffeln mit Meersalz und schwarzem Pfeffer aus der Mühle würzen, und 30 Minuten in den Backofen schieben. Dabei alle 5 Minuten durchrühren. Für eine italienische Variante die Röstkartoffeln zum Schluss zerdrücken und mit fein gehackten schwarzen Oliven mischen.

Lammkarree mit Rosmarin-Pinienkern-Kruste

An diesem Gericht liebe ich vor allem die knusprige Kruste. Statt Rosmarin passt auch Thymian gut zum Lamm. Auch eine Lammkeule kann man so zubereiten.

Für 4 Personen

50 g Pinienkerne, grob gehackt
2 EL grob gehackter Rosmarin
1 Knoblauchzehe, zerdrückt
50 g Butter, zerlassen
Öl zum Braten
4 Stücke Lammkarree mit je 2-3 Rippen
Meersalz und schwarzer Pfeffer aus der Mühle

Den Backofen auf 180 °C (Umluft 160 °C) vorheizen.

Pinienkerne, Rosmarin, Knoblauch und flüssige Butter in einer kleinen Schüssel verrühren. Beiseitestellen.

Etwas Öl in einer Pfanne erhitzen und das Lamm-karree darin rundum anbräunen. Das Fleisch in einen Bräter legen und die Oberseite mit der Pinienkern-Rosmarin-Mischung bedecken.

Das Fleisch im heißen Ofen (Mitte) 10–15 Minuten braten, sodass es innen noch rosa ist. Wenn es ganz durchgebraten sein soll, die Garzeit um 5 Minuten verlängern.

Das Fleisch aus dem Ofen nehmen. Locker in Alufolie wickeln und vor dem Servieren 10 Minuten ruhen lassen.

Ist das Fleisch gar?

Unabhängig von den in den Rezepten angegeben Garzeiten sollte man immer ein Garprobe machen. Dafür mit dem Finger oder mit einem Löffel auf das Fleisch drücken. Je weiter das Fleisch durchgegart ist, desto weniger gibt es nach. Man unterscheidet folgende Garstufen:

stark blutig
bei Druck stark elastisch

blutig
bei Druck stark federnd

halb/mittel durch
bei Druck leicht federnd

ganz durch
bei Druck unelastisch

Ganz entspannt genießen

Marokkanisches Brathähnchen

Mit dieser Würzmischung kann man auch wunderbar Grillfleisch marinieren. Dafür die Marinade mit etwas mehr Öl flüssiger rühren. Das Hähnchen am besten in der Küche tranchieren und die Portionsstücke auf einer vorgewärmten Servierplatte anrichten.

Für 4 Personen

2 TL gemahlener Kreuzkümmel
1 TL gemahlener Koriander
1 TL mildes Chilipulver
1 TL Paprikapulver
½ TL gemahlener Zimt
2 Knoblauchzehen, zerdrückt
1 Bio-Zitrone, ausgepresst, die Hälften aufbewahrt
2 EL Olivenöl
1 Hähnchen (à 1,5 kg)
Meersalz und schwarzer Pfeffer aus der Mühle

Den Backofen auf 180 °C (Umluft 160 °C) vorheizen. Alle Gewürze, Knoblauch, 2 EL Zitronensaft und Olivenöl in einer Schüssel verrühren.

Das Hähnchen unter fließendem kaltem Wasser abspülen und mit Küchenpapier trocken tupfen.

Die Würzmischung mit einem Löffel oder mit den Fingern vorsichtig unter die Haut des Hähnchens schieben. So können die Aromen optimal in das Fleisch eindringen.

Die Zitronenhälften in die Bauchhöhle stecken. Das Hähnchen mit Salz und Pfeffer würzen und in einen Bräter legen. Im Ofen (Mitte) 70 Minuten braten. Dabei alle 20 Minuten mit dem ausgetretenen Bratensaft beträufeln.

Zur Garprobe mit einem Metallspieß oder einem spitzen Messer in eine Keule stechen. Wenn der austretende Saft klar ist, ist das Hähnchen gar. Ist der Fleischsaft rosa, die Garzeit um 10 Minuten verlängern und nochmals prüfen.

Das Hähnchen aus dem Ofen nehmen und tranchieren. Mit Couscous-Kichererbsen-Salat (siehe Seite 42) servieren.

Ganz entspannt genießen

Hähnchen international

Die folgenden Rezepte sind jeweils für ein Hähnchen von etwa 2,25 kg berechnet. Das Hähnchen im vorgeheizten Backofen bei 180 °C (Umluft 160 °C) 1½ Stunden garen.

Hähnchen mit Paprika und Zitrone

In einer Schüssel 1 zerdrückte Knoblauchzehe mit dem Saft von 1 Zitrone, 80 ml Olivenöl und 1½ TL Paprikapulver verrühren. Mit Salz und Pfeffer würzen. Die Haut des Hähnchens vorsichtig mit den Fingern lösen und die Würzmischung zwischen Haut und Fleisch verteilen. Mit der restlichen Mischung die Flügel und Keulen von außen einreiben.

Und dazu: Röstkartoffeln mit Zitrone und Thymian (siehe Seite 87).

Hähnchen mit Estragonbutter

In einem Topf 1 EL Olivenöl bei schwacher Hitze erwärmen. Darin 2 fein gehackte Schalotten und 1 zerdrückte Knoblauchzehe 1 Minute anschwitzen. 100 ml Weißwein zugießen und 3–4 Minuten einkochen lassen. Abkühlen lassen. Den Weinsud mit 60 g weicher Butter und 2 TL gehacktem Estragon in eine Schüssel geben. Mit Salz und Pfeffer würzen. Alles mit einer Gabel fein zerdrücken. Die Haut des Hähnchens vorsichtig mit den Fingern lösen und die Würzbutter zwischen Haut und Fleisch verteilen. Mit der restlichen Würzbutter die Flügel und Keulen von außen einreiben.

Und dazu: Kartoffel-Sellerie-Gratin (siehe Seite 85).

Indisches Brathähnchen

Im Mixer 1 TL frisch geriebenen Ingwer, 1 Knoblauchzehe, ½ TL gemahlenen Koriander, 1 Gewürznelke, 1 Prise gemahlene Kurkuma und 1 grüne Chilischote mit 2 EL Wasser pürieren. Die Paste mit 2 EL griechischem Joghurt und 2 TL Zitronensaft verrühren. Mit Salz und Pfeffer würzen. Die Haut des Hähnchens vorsichtig mit den Fingern lösen und die Würzmischung zwischen Haut und Fleisch verteilen. Mit der restlichen Mischung die Flügel und Keulen von außen einreiben.

Und dazu: Gurken-Raita (siehe Seite 176).

Thai-Hähnchen

Im Mixer 1 Stängel Zitronengras, 2 Knoblauchzehen, ½ Dose Kokosmilch, 2 TL geriebenen Ingwer, 2 TL Fischsauce, 2 EL Sojasauce, den Saft von 1 Limette und 2 Stängel Koriandergrün pürieren. Mit Salz und Pfeffer würzen. Die Haut des Hähnchens vorsichtig mit den Fingern lösen und die Würzmischung zwischen Haut und Fleisch verteilen. Mit der restlichen Mischung die Flügel und Keulen von außen einreiben.

Und dazu: Jasminreis

Schweinerücken mit Apfelsauce

Das Fleisch nimmt beim Garen die Aromen der Äpfel und Gewürze auf und wird wunderbar zart. Nach der Sauce werden sich alle die Finger lecken. Den Braten aufschneiden und mit der Apfelsauce servieren. Dazu passt am besten ein Kartoffelgratin.

Für 6–8 Personen

50 g Butter
200 g Kochäpfel, gewürfelt
1 Zwiebel, gehackt
100 g brauner Zucker
4 Gewürznelken
1 TL mittelscharfes Chilipulver
1 TL gemahlene Kurkuma
2,5 cm Ingwerwurzel, fein gehackt
100 ml Apfelessig
2 kg Schweinerücken
Meersalz und schwarzer Pfeffer
   aus der Mühle

Die Butter in einem Topf bei mittlerer Hitze erhitzen. Apfel- und Zwiebelwürfel darin 10 Minuten garen. Zucker, Gewürze, Ingwer und Essig dazugeben. Mit Salz und Pfeffer würzen und gut umrühren.

Zugedeckt bei mittlerer Hitze 10 Minuten köcheln lassen. Den Deckel abnehmen und offen noch 5 Minuten weitergaren, bis die Apfelstücke goldbraun sind und zerfallen.

Den Backofen auf 200 °C (Umluft 180 °C) vorheizen. Das Fleisch in einen Bräter legen und mit der Apfelmischung überziehen.

Im Ofen (Mitte) 1½ Stunden garen. Dabei alle 20 Minuten mit dem ausgetretenen Bratensaft beträufeln. Das Fleisch aus dem Ofen nehmen. Locker in Alufolie wickeln und vor dem Servieren 10 Minuten ruhen lassen.

Am Knochen gebratene Hochrippe mit Pfefferrahm

Wer sicher gehen will, dass der Braten gelingt, kauft das Fleisch beim Metzger seines Vertrauens. Auf jeden Fall sollte die Wahl auf ein gut abgehangenes Stück von rötlichbrauner Farbe fallen. Leuchtend rotes Fleisch ist zu frisch und wird im Ofen nicht zart. Ein Zeichen für gute Qualität ist auch eine leichte Fettmarmorierung.

Für 6 Personen

3 kg Hochrippe vom Rind mit Knochen
2 Knoblauchzehen, längs gedrittelt
1 Zweig Rosmarin
1 TL Meersalz
1 TL schwarzer Pfeffer aus der Mühle
2 TL Olivenöl

Für die Sauce
400 g Sahne
1 TL Dijonsenf
2 TL schwarzer Pfeffer aus der Mühle

Das Fleisch 30 Minuten vor der Zubereitung aus dem Kühlschrank nehmen. Den Backofen auf 220 °C (Umluft 200 °C) vorheizen.

In das Fleisch mit einem spitzen Messer 6 kleine Schnitte machen. In jeden 1 Knoblauchstück und einige Rosmarinnadeln stecken. Den Braten rundum mit Salz und Pfeffer einreiben.

Das Olivenöl in einem Bräter bei mittlerer Hitze erwärmen und das Fleisch darin rundum anbraten. Den Braten in den Ofen (Mitte) schieben und 20 Minuten garen. Die Ofentemperatur auf 160 °C (Umluft 140 °C) verringern und das Fleisch in etwa 2 Stunden medium braten (oder 1½ Stunden, wenn es noch blutig sein soll).

Den Braten herausnehmen und auf eine vorgewärmte Servierplatte legen. Locker mit Alufolie bedecken und 30 Minuten ruhen lassen.

Für die Sauce den Bräter auf den Herd stellen und erhitzen. Die Sahne zugießen, Senf und Pfeffer unterrühren. Alle Bratrückstände auf dem Boden des Bräters sorgfältig lösen und die Sauce in einigen Minuten cremig köcheln lassen.

Den Braten aufschneiden und mit der heißen Sauce servieren.

Feentrick
Geröstetes Wurzelgemüse

Je 6 Pastinaken und Möhren schälen, in Stücke schneiden und auf dem Boden eines Bräters verteilen. Den gewünschten Braten auf das Gemüse setzen und im Backofen garen. Dabei wird das Gemüse vom Fleischsaft durchdrungen und schmeckt danach unglaublich gut.

Sommerliche Ratatouille

Von der Ratatouille kann man gleich eine große Portion zubereiten. Die Reste schmecken am nächsten Tage mit Nudeln, Couscous oder mit etwas Ziegenkäse auf knusprigem Brot.

Für 6 Personen

1 mittelgroße Aubergine
1 mittelgroßer Zucchino
je 1 rote und gelbe Paprikaschote, Stielansatz, Samen und Scheidewände entfernt
1 Knoblauchzehe, zerdrückt
1 Dose stückige Tomaten (400 g)
Meersalz und schwarzer Pfeffer aus der Mühle
etwas Olivenöl
1 Bund Basilikum, Blätter grob zerzupft

Den Backofen auf 180 °C (Umluft 160 °C) vorheizen.

Aubergine und Zucchino waschen, putzen und längs vierteln. Die Viertel in Stücke schneiden. Die Paprikaschoten in Spalten teilen.

Gemüsestücke, Knoblauch und Tomaten in eine Auflaufform füllen. Mit Salz und Pfeffer würzen, mit etwas Olivenöl beträufeln und gut durchmischen.

Die Ratatouille im Ofen (Mitte) 30 Minuten garen, bis das Gemüse weich ist. Zum Servieren die Basilikumblätter unterrühren.

Ganz entspannt genießen

Ganz entspannt genießen

Kartoffel-Sellerie-Gratin

Ich liebe das intensive Aroma von Sellerie. Wer diese Vorliebe nicht teilt, nimmt einfach nur Kartoffeln. Noch besser schmeckt das Gratin, wenn man zwischen die einzelnen Schichten etwas geriebenen Greyerzer oder Fontina streut.

Für 6 Personen

75 g weiche Butter, plus Butter für die Form
1 Knoblauchzehe, zerdrückt
900 g Kartoffeln, geschält und in Scheiben
  geschnitten
500 g Knollensellerie, geschält, geviertelt und
  in Scheiben geschnitten
250 ml Milch
250 g Sahne
½ TL frisch geriebene Muskatnuss
Meersalz und schwarzer Pfeffer aus der Mühle

Den Backofen auf 180 °C (Umluft 160 °C) vorheizen. Eine Auflaufform mit Butter ausstreichen und den Knoblauch darin verteilen.

Die Kartoffel- und Selleriescheiben in einem großen Topf mit kochendem Wasser 4–5 Minuten garen. In ein Sieb abgießen und gut abtropfen lassen. Dann leicht überlappend in die Form schichten.

Milch und Sahne verquirlen und darübergießen. Kartoffeln und Sellerie mit der Hand in die Sahnemilch drücken. Den Auflauf mit Muskat bestreuen und mit Butterflöcken belegen. Die Form mit einem Bogen Backpapier abdecken.

Den Auflauf im Ofen (Mitte) 30 Minuten garen. Das Backpapier abnehmen und die Temperatur auf 200 °C (Umluft 180 °C) erhöhen. Das Gratin in etwa 20 Minuten goldgelb überbacken.

Sonntagsbraten & Co.

Bunter Gartensalat

Diese sommerliche Beilage schmeckt zu jedem Braten. Die Zutaten werden in Streifen geschnitten und am besten schon einige Stunden vor dem Servieren mit der Vinaigrette gemischt. So hat das Gemüse genug Zeit, die Aromen des Dressings aufzunehmen.

Für 4 Personen

3 mittelgroße Möhren
1 mittelgroße Fenchelknolle
1 mittelgroße Gurke
3 Radieschen
1 TL Dijonsenf
6 EL natives Olivenöl extra
2 EL Weißweinessig
Meersalz und schwarzer Pfeffer aus der Mühle
70 g Pinienkerne, geröstet

Möhren, Fenchel, Gurke und Radieschen waschen, putzen und in dünne Stäbchen schneiden. Alles in eine große Schüssel füllen.

Senf, Öl und Essig in einer kleinen Schüssel verrühren. Mit Salz und Pfeffer würzen. Die Vinaigrette über das Gemüse träufeln und gut untermischen. Den Salat vor dem Servieren mit Pinienkernen bestreuen.

Geröstete Süßkartoffeln

Aus Süßkartoffeln kann man Pommes frites, Gratin, Püree und vieles mehr machen. Aber sie dürfen nicht zu lange gegart werden, sonst zerfallen sie. Als Beigabe passt hier ein Löffel Crème fraîche.

Für 6 Personen

2 EL Olivenöl
1 TL gemahlene Kurkuma
Meersalz und schwarzer Pfeffer aus der Mühle
1 kg Süßkartoffeln, geschält

Den Backofen auf 200 °C (Umluft 180 °C) vorheizen. Olivenöl, Kurkuma, Salz und Pfeffer in einer Schüssel verrühren.

Die Süßkartoffeln halbieren und jede Hälfte in sechs Spalten schneiden. Die Spalten mit dem Würzöl mischen, bis sie rundum damit überzogen sind.

Die Spalten auf einem Backblech verteilen und im Ofen (Mitte) 35–40 Minuten rösten, bis sie außen knusprig und innen weich sind.

Röstkartoffeln mit Zitrone und Thymian

Der Zitronensaft gibt den Kartoffeln Frische, die Zitronenschale Aroma. Die Röstkartoffeln schmecken auch mit Rosmarin statt mit Thymian fein.

Für 6 Personen

700 g mehligkochende Kartoffeln
Meersalz
1 Bio-Zitrone, Saft ausgepresst, Hälften aufbewahrt
100 ml Olivenöl
4 Zweige Thymian, Blättchen abgezupft
2 Knoblauchzehen
und schwarzer Pfeffer aus der Mühle

Den Backofen auf 180 °C (Umluft 160 °C) vorheizen.

Die Kartoffeln waschen, schälen und in kleine Würfel schneiden. Die Würfel in kochendem Salzwasser 5 Minuten garen. In ein Sieb abgießen und in eine große Schüssel füllen.

Zitronensaft und Olivenöl über die Kartoffeln träufeln. Thymianblättchen und Knoblauchzehen zugeben. Mit Salz und Pfeffer würzen und sorgfältig mischen.

Die Zitronenhälften grob zerteilen und unter die Kartoffeln heben. In eine Auflaufform füllen und im Ofen (Mitte) 20 Minuten garen. Nach der Hälfte der Garzeit durchmischen, damit sich die Aromen gleichmäßig verteilen.

Die Röstkartoffeln aus dem Ofen nehmen. Zitronenschalen und Knoblauchzehen vor dem Servieren entfernen.

Knusperbrot mit Rosmarin

Dieses knusprige Brot ist ganz schnell gebacken und macht sich gut in einem großen Korb mitten auf dem Tisch. So haben alle etwas zu knabbern.

Ergibt 8 Brote

½ TL Trockenhefe
210 g Mehl, plus Mehl zum Arbeiten
2 EL Olivenöl, plus Öl für die Schüssel
Meersalz
1 Ei, mit etwas Wasser verquirlt
3 Zweige Rosmarin, fein gehackt

Die Trockenhefe in 125 ml warmem Wasser auflösen und 5 Minuten ruhen lassen, bis sich an der Oberfläche Schaum bildet.

Das Mehl in eine große Schüssel füllen. Das Hefewasser zugießen, Olivenöl und Salz dazugeben und alles gut verrühren.

Den Teig auf der bemehlten Arbeitsfläche 10 Minuten durchkneten. Eine Schüssel mit Öl auspinseln. Den Teig hineinlegen und mit einem Geschirrtuch abdecken. An einem warmen Ort etwa 1 Stunde gehen lassen.

Den Backofen auf 180 °C (Umluft 160 °C) vorheizen. Zwei Backbleche mit Backpapier belegen.

Den Teig in 8 Stücke teilen. Jede Portion auf der bemehlten Arbeitsfläche zu einem Fladen (etwa 10 x 24 cm) ausrollen. Jeweils vier Fladen auf ein Blech legen. Die Oberfläche mit verquirltem Ei bestreichen und mit Salz und Rosmarin bestreuen.

Im Ofen (Mitte) in 20 Minuten knusprig goldgelb backen. Herausnehmen und auf einem Gitter auskühlen lassen. Mit den restlichen Teigstücken ebenso verfahren.

Variante
Zur Abwechslung gehackte schwarze Oliven oder getrocknete Tomaten auf die Brote streuen.

Feentrick

Brot verschenken

Knusperbrote sind ein prima Mitbringsel, wenn ihr zum Abendessen eingeladen seid. Einfach die Brote vorsichtig in Backpapier wickeln, mit Kordel verschnüren und einen Zweig Rosmarin hineinstecken.

Blumenkohlgratin

Ideal, wenn man viele Gäste hat, denn das Gratin lässt sich problemlos in größeren Mengen zubereiten. Mit Greyerzer bekommt die Sauce eine nussige Note. So oder so: ein Essen, das Leib und Seele wärmt.

Für 4 Personen

1 kleiner Blumenkohl
80 g Butter, plus Butter für die Form
80 g Mehl
400 ml Milch
80 g reifer Cheddar (oder Greyerzer), gerieben
schwarzer Pfeffer aus der Mühle

Den Blumenkohl waschen. Die äußeren Blätter entfernen und grob hacken. Den Kopf unzerteilt mit den Blättern in einen großen Topf legen und 2,5 cm hoch Wasser einfüllen. Zugedeckt bei mittlerer Hitze aufkochen und 10 Minuten kochen lassen. (Das Gemüse soll knackig bleiben, damit es später im Ofen nicht zu weich wird.)

Den Backofen auf 180 °C (Umluft 160 °C) vorheizen. Eine Auflaufform mit Butter ausstreichen.

Für die Käsesauce die Butter in einem kleinen Topf schmelzen. Das Mehl einstreuen und 2–3 Minuten unter Rühren anschwitzen. Mit einem Schneebesen nach und nach die Milch einrühren. Dabei beständig rühren, damit sich keine Klümpchen bilden. Zuletzt den Käse und etwas Pfeffer unterheben.

Den Blumenkohl in die Form setzen und mit der Käsesauce übergießen. Im Ofen (Mitte) 20 Minuten backen. Sofort servieren.

Rahmspinat mit Muskatnuss

Hier bringt das Gemüse auch gleich eine Sauce mit. Die ideale Beilage zu gebratenem Lamm, Rind oder Huhn.

Für 4 Personen

50 g Butter
500 g Babyspinat
200 g Sahne
1 Prise frisch geriebene Muskatnuss
Meersalz und schwarzer Pfeffer aus der
   Mühle

Die Butter in einer großen Pfanne bei starker Hitze schmelzen. Den Spinat einstreuen und 2 Minuten garen.

Die Sahne zugießen und 5 Minuten kochen lassen, bis sie etwas andickt.

Den Spinat mit Muskat, Salz und Pfeffer würzen. In eine vorgewärmte Schüssel füllen und sofort servieren.

Variante
Auch in Scheiben geschnittene Pilze oder Brokkoli eignen sich gut für diese Art der Zubereitung.

Artischockenherzen mit Zitrone und Thymian

Frisch vom Blech schmecken die Herzen mit etwas Mayonnaise als Vorspeise. Lecker auch in einem Salat oder als Belag für eine knusprige Bruschetta.

Für 2 Personen

6 Artischockenherzen, gegart
Saft von 1 Zitrone
Olivenöl
1 TL fein gehackter Thymian
Meersalz und schwarzer Pfeffer aus der Mühle

Den Backofen auf 180 °C (Umluft 160 °C) vorheizen.

Die Artischockenherzen vierteln und auf einem Backblech verteilen. Mit Zitronensaft und Olivenöl beträufeln.

Den Thymian über die Artischocken streuen. Mit Salz und Pfeffer würzen und gut durchmischen. Im Ofen (Mitte) 10 Minuten garen.

Feentrick

Artischocken vorbereiten und garen

Wenn die Artischocken im Ganzen serviert werden sollen, zuerst die Stiele herausbrechen und die Blattspitzen mit einer Küchenschere einkürzen. Die geputzten Artischocken sofort in eine Schüssel mit Zitronenwasser legen, damit sie sich nicht verfärben. In einem großen Topf reichlich Salzwasser zum Kochen bringen und die Artischocken darin je nach Größe 30–45 Minuten garen. Sie sind gar, wenn sich ein Blatt aus der Mitte leicht herausziehen lässt. Sollen nur die Artischockenböden verwendet werden, die Blätter vollständig abschneiden und das Heu mit einem Teelöffeln abschaben. Die Böden kochen oder braten.

Ricottakuchen

Fabelhaft, dieser Kuchen: Bis zu 10 Tage bleibt er frisch und wird dabei immer besser. Falls es dazu kommt ...

Ergibt 12 Stücke

400 g Ricotta
4 Eier, getrennt
2 EL Mehl
abgeriebene Schale und Saft von 2 Bio-Zitronen
200 g Zucker
70 g Butter
12 Vollkorn-Butterkekse, fein zerkrümelt

Den Backofen auf 180 °C (Umluft 160 °C) vorheizen.

Ricotta und Eigelbe in einer Schüssel verrühren. Mehl, Zitronenschale, Zitronensaft und Zucker einrühren.

Die Eiweiße in einer zweiten Schüssel steif schlagen. Den Eischnee unter die Ricotta-masse heben.

Die Butter in einem kleinen Topf bei milder Hitze schmelzen. Vom Herd nehmen und die Keksbrö-sel sorgfältig mit der flüssigen Butter vermischen.

Die Krümelmasse in eine Springform (24 cm Ø) füllen und mit der Rückseite eines Löffels auf dem Boden festdrücken. Die Ricottamasse auf dem Boden verteilen und glatt streichen. Den Kuchen im Ofen (Mitte) 55 Minuten backen.

· · · · · · Feentrick · · · · · ·

Schmeckt auch lecker

Die Ricottamasse vor dem Backen mit frischen Heidelbeeren, Himbeeren oder weißen Schokotröpfchen bestreuen.

Pavlova mit Rosenwasser und Himbeersahne

Auf einem Fundament aus leichtem, knusprigem Baiser, aromatisiert mit Rosenwasser, türmt sich locker geschlagene Sahne, in der frische Himbeeren versinken. Auch mit Orangenblüten- oder Lavendelwasser ein Traum.

Für 6 Personen

Für das Baiser
5 Eiweiß
2 TL Rosenwasser
1 TL Weißweinessig
1 TL Speisestärke, gesiebt
225 g Puderzucker

Für den Belag
250 g Sahne
2 TL Rosenwasser
1 TL Puderzucker
300 g Himbeeren
Puderzucker zum Bestäuben

Den Backofen auf 130 °C (Umluft 110 °C) vorheizen. Ein Backblech mit Backpapier belegen.

Für das Baiser die Eiweiße in einer Schüssel mit dem Handrührgerät aufschlagen, bis weiche Spitzen stehen bleiben. Rosenwasser, Essig und Speisestärke unterziehen. Den Puderzucker einrieseln lassen und den Eischnee weiterschlagen, bis feste Spitzen stehen bleiben.

Den Eischnee kreisförmig (etwa 26 cm Ø) auf dem Blech verstreichen. Dabei in der Mitte eine kleine Vertiefung formen. Das Baiser im Ofen (Mitte) in 1¼–1½ Stunden hellgelb backen.

Den Backofen ausschalten, die Ofentür einen Spalt öffnen und den Baiserboden im Ofen vollständig auskühlen lassen.

Für den Belag die Sahne steif schlagen. Rosenwasser und Puderzucker unterziehen.

Den Baiserboden vorsichtig vom Blech lösen und auf eine Servierplatte setzen. Die Schlagsahne wolkenartig auf dem Baiser verstreichen. Die Himbeeren darauf verteilen und leicht mit Puderzucker bestäuben.

Geeistes Sahnebaiser

Eine coole Erfrischung für heiße Sommertage. Gehackte Haselnüsse, Mandeln oder Schokoladenstückchen geben dem Dessert noch mehr Biss. Die Erdbeeren können durch Himbeeren oder Heidelbeeren ersetzt werden.

Für 4 Personen

200 g Sahne
6 Baiserschalen
200 g Erdbeeren
2 TL Zucker

Die Sahne in einer großen Schüssel steif schlagen. Die Baiserschalen zerkrümeln.

In einer zweiten Schüssel die Erdbeeren mit einer Gabel zerdrücken. Den Zucker einrühren.

Die Erdbeeren unter die Schlagsahne heben. Dann die Baiserbrösel unterziehen.

Eine Kastenform (25 cm lang) mit Frischhaltefolie auslegen. Die Sahne-Baiser-Masse einfüllen und mit Frischhaltefolie abdecken. Die Masse 2–3 Stunden tiefkühlen, bis sie fest ist.

Die Form kurz vor dem Servieren aus dem Tiefkühlgerät nehmen. Die Frischhaltefolie abziehen, das Dessert auf eine Servierplatte stürzen und die restliche Folie entfernen. In Scheiben schneiden und anrichten.

Zitronentarte

Der Trick bei dieser Tarte: Der Teig wird vor dem Backen gut gekühlt, nur dann wird er schön knusprig. Man kann die Tarte schon am Vorabend backen, sie schmeckt dann sogar noch besser.

Ergibt 12 Stücke

Für den Teig
200 g Mehl
1 EL Puderzucker
130 g kalte Butter, gewürfelt, plus
  Butter für die Form
1 Eigelb, verquirlt

Für den Belag
2 Eier
2 Eigelb
abgeriebene Schale und Saft von
  3 Bio-Zitronen
125 g Zucker
170 g Sahne
Puderzucker zum Bestäuben

Für den Teig Mehl und Puderzucker auf die Arbeitsfläche sieben. Die Butterwürfel zugeben und alles mit den Fingerspitzen zu feinen Krümeln verreiben. So viel verquirltes Eigelb untermischen, dass der Teig zusammenhält. Den Teig in Frischhaltefolie wickeln und 30 Minuten im Kühlschrank ruhen lassen.

Eine Springform (24 cm Ø) mit Butter ausstreichen. Den Teig ausrollen und in die Form legen. Nochmals 20 Minuten kalt stellen.

Den Backofen auf 190 °C (Umluft 170 °C) vorheizen.

Die Form aus dem Kühlschrank nehmen. Den Teig mit Backpapier abdecken und mit Backgewichten oder Hülsenfrüchten beschweren. Im Ofen (Mitte) 15 Minuten blind backen.

Inzwischen für den Belag Eier, Eigelbe, Zitronenschale, Zitronensaft und Zucker in einer Schüssel verquirlen. Die Sahne steif schlagen und unterziehen.

Den Boden aus dem Ofen nehmen, Backpapier und Gewichte entfernen. Die Zitronencreme auf den Boden gießen. Die Ofentemperatur auf 180 °C (Umluft 160 °C) verringern und die Tarte 25–30 Minuten backen, bis die Füllung am Rand gestockt ist. Sie wird beim Abkühlen noch fester.

Die Tarte aus dem Ofen nehmen und abkühlen lassen. Mit Puderzucker bestäuben.

Variante
Vor dem Backen eine Handvoll Himbeeren auf dem Kuchen verteilen und mit einem Löffel vorsichtig in die Zitronencreme drücken.

Warme Apple Pie

Am besten schmeckt sie frisch aus dem Ofen, mit einem Löffel Zimtsahne. Dafür 200 g Schlagsahne mit etwas Zimt würzen. Besser kann ein Sonntagsessen kaum enden!

Für 6-8 Personen

Für den Teig
280 g Mehl, plus Mehl zum Arbeiten
1 EL Zucker
1 TL Salz
250 g kalte Butter, gewürfelt, plus
    Butter für die Form
1 Ei
1 EL Weißweinessig

Für die Füllung
1 kg Kochäpfel, geschält, Kernge-
    häuse entfernt und gewürfelt
150 g Zucker
1 TL gemahlener Zimt
1 EL Zitronensaft
1 Prise frisch geriebene Muskatnuss
1 TL Salz
2 EL Mehl
1 Ei, verquirlt

Für den Teig das Mehl mit Zucker und Salz in eine große Schüssel sieben. Die Butterwürfel zugeben und alles mit den Fingerspitzen zu feinen Krümeln verreiben.

Das Ei mit Essig und 2 EL Wasser verquirlen. Mit den Krümeln rasch zu einem glatten Teig verkneten. Den Teig halbieren, in Frischhaltefolie wickeln und 1 Stunde in den Kühlschrank legen.

Den Backofen auf 180 °C (Umluft 160 °C) vorheizen. Eine Pieform mit Butter ausstreichen.

Beide Teighälften auf der bemehlten Arbeitsfläche 5 mm dick ausrollen. Ein Teigstück in die Form legen.

Für die Füllung Äpfel, Zucker, Zimt, Zitronensaft, Muskat, Salz und Mehl in einer großen Schüssel sorgfältig mischen. In die Form füllen und mit dem zweiten Teigstück abdecken.

Überstehenden Teig bündig mit der Form abschneiden, den Rand ringsum mit einer Gabel gut zusammendrücken. In die Teigmitte eine kreuz- oder herzförmige Öffnung schneiden und die Pie mit verquirltem Ei bestreichen. Im Ofen (Mitte) in 50 Minuten goldbraun backen.

Picknick de luxe

Letzten Winter bin ich an einem schönen Tag mit ein paar Freunden, einem Picknickkorb und einem Ball zum Strand gefahren. An der frischen Luft schmeckt alles gleich noch mal so gut, und nach dem Essen haben wir ein bisschen durch die Gegend gekickt. Ein rundum gelungener Tag – und fast zum Nulltarif.

Picknicks liebe ich über alles, schon das Einkaufen dafür macht Spaß: frisches Brot beim Bäcker, Käse auf dem Markt, eingelegte Oliven und Artischocken beim Italiener. Ich freue mich auch immer, wenn jeder etwas mitbringt. Ohne große Absprachen liegen so am Ende ganz köstliche Sachen auf der Picknickdecke: frische Salate, raffinierte Quiches und leckere Sandwiches – da ist für jeden etwas dabei. Nach dem Essen kann man sich ausstrecken und ein bisschen vor sich hin träumen. Zumindest bis jemand den selbst gebackenen Kuchen auspackt.

So ein Picknick ist eine wundervolle Möglichkeit, einen schönen Tag im Freien zu genießen. Und das ohne großen Aufwand. Vor allem, wenn man bedenkt, was ein vergleichbares Essen im Restaurant kosten würde. Gratis dazu gibt's ein besonderes Erlebnis, an das man gerne zurückdenkt.

Nicht vergessen

- Decke zum Sitzen, an kalten Tagen eventuell weitere Decken zum Wärmen
- Thermosflasche mit heißem Tee oder Kaffee
- Tassen, Teller, Gläser und Besteck
- Servietten
- Milch und Zucker (für den Transport in Schraubgläser gefüllt)
- Messer und Schneidebrett
- Kühltasche
- Fotoapparat, damit der Tag unvergesslich bleibt

Der richtige Ort

Nicht nur am Strand macht ein Picknick Spaß. Auch in einer städtischen Grünanlage kann man die Picknickdecke ausrollen, bei Spaziergängen im Wald oder auf Wanderungen an einem Fluss oder Seeufer. Am besten füllt man Korb und Kühltasche mit einer Auswahl an herzhaften und süßen Speisen. Dafür gibt's in diesem Kapitel viele köstliche Ideen.

Belegte Brote

Kein Picknick ohne sie. Beläge und Füllungen gibt's für jeden Geschmack und jedes Budget – da bleibt keiner hungrig.

Apfel-Käse-Salat
Geriebenen Käse und geraspelte Äpfel mit gehackten Frühlingszwiebeln, einem Spritzer Zitronensaft und etwas Mayonnaise verrühren. Köstlich auf Körnerbrot oder -brötchen.

Lachs und Frischkäse
Räucherlachs in mundgerechte Stücke schneiden, mit Gurkenwürfeln, Rahmfrischkäse und einem Spritzer Zitronensaft mischen. Perfekt auf einem Bagel.

Makrelencreme
Geräucherte Makrelenfilets enthäuten und in Stücke teilen. Mit etwas Mayonnaise und griechischem Joghurt verrühren. Auf Scheiben von dunklem Brot streichen und mit Salatblättern garnieren.

Italienisches Röstgemüse
Je 1 Zucchino, Aubergine und rote Paprikaschote in Scheiben beziehungsweise Streifen schneiden und in Olivenöl braten. Mit Sauerrahm, Zitronensaft und frischem Basilikum vermischen. Fein auf Baguette. Wer mag, mischt noch etwas Feta oder Ziegenfrischkäse unter das Gemüse.

Omas Eiersalat

8 Eier, hart gekocht
2 Frühlingszwiebeln, in dünne Scheiben geschnitten
1 TL Dijonsenf
4 EL Mayonnaise
Meersalz und schwarzer Pfeffer aus der Mühle

Weich und cremig muss er sein. Für etwas mehr Biss noch Gurken- und Tomatenwürfelchen untermischen und den Salat auf knuspriges Ciabattabrot streichen.

Für 4 Personen

Die Eier hacken und in eine große Schüssel füllen. Frühlingszwiebeln, Senf und Mayonnaise dazugeben. Mit Salz und Pfeffer würzen und alles gut unterheben.

Variante
Würziger schmeckt der Eiersalat mit 1 EL Kapern oder gehackten Gewürzgurken oder auch mit 70 g gewürfeltem Räucherspeck.

Rotkohlsalat

Der Salat schmeckt am besten, wenn er über Nacht durchziehen kann. Fein gehackte Haselnüsse geben ihm zusätzlich Biss und Aroma.

Für 6 Personen

80–100 g griechischer Joghurt
1 TL Dijonsenf
fein abgeriebene Schale von 1 Bio-Zitrone
Saft von ½ Zitrone
1 kleiner Rotkohl, in feine Streifen geschnitten
2 mittelgroße Möhren, gerieben
½ Sellerieknolle, gerieben
1 EL gehackte Sellerieblätter (oder Stauden-
   sellerie- oder Petersilienblätter)
Meersalz und schwarzer Pfeffer aus der Mühle

Den Joghurt mit Senf, Zitronenschale und Zitronensaft verrühren.

Rotkohl, Möhren, Sellerie und Sellerieblätter in eine große Schüssel füllen. Mit dem Dressing übergießen und gut unterheben.

Den Salat mit Salz und Pfeffer abschmecken, nochmals durchmischen und servieren. Im Kühlschrank 1 Woche haltbar.

Weißkohlsalat

Zugegeben, den harten Kohlkopf in feine Streifen zu schneiden, macht ein bisschen Arbeit. Aber die Mühe lohnt sich. Danach dürfte es der Fertigsalat aus dem Kühlregal schwer haben.

Für 6 Personen

4 EL Naturjoghurt
4 EL Mayonnaise
1 EL Zitronensaft
½ TL Dijonsenf
½ Weißkohl, in sehr feine Streifen geschnitten
2 Frühlingszwiebeln, in sehr feine Scheiben
   geschnitten
2 mittelgroße Möhren, grob geraspelt
Meersalz und schwarzer Pfeffer aus der Mühle

Den Joghurt mit Mayonnaise, Zitronensaft und Senf verrühren.

Weißkohl, Zwiebeln und Möhren in eine große Schüssel füllen. Mit dem Dressing übergießen. Mit Salz und Pfeffer würzen und den Salat gut durchmischen. Im Kühlschrank 3 Tage haltbar.

Quiche Lorraine

Immer wenn ich in Paris bin, besuche ich das »Café de Flore«. Dort esse ich am liebsten eine Quiche. Hier kommt meine Version des berühmten lothringischen Speckkuchens. Zum Picknick transportiert man die Quiche am besten in der Backform.

Für 6–8 Personen

Für den Mürbeteig
175 g Mehl, plus Mehl zum Arbeiten
1 Prise Salz
75 g kalte Butter, gewürfelt, plus
   Butter für die Form
1 Ei, verquirlt

Für den Belag
150 g Greyerzer (oder Emmentaler),
   gerieben
200 g durchwachsener Räucherspeck, gewürfelt
5 Eier, verquirlt
100 ml Milch
200 g Sahne
Meersalz und schwarzer Pfeffer aus
   der Mühle
2 Tomaten, in Scheiben geschnitten
   (nach Wunsch)
2 Zweige Thymian, Blättchen
   abgezupft

Für den Teig Mehl und Salz in eine große Schüssel sieben. Die Butterwürfel zugeben und alles mit den Fingerspitzen zu feinen Krümeln verreiben. Das Ei zufügen und alles rasch zu einem glatten Teig verkneten. Bei Bedarf noch einige Tropfen kaltes Wasser unterkneten. Den Teig in Frischhaltefolie wickeln und im Kühlschrank 30 Minuten ruhen lassen.

Eine Quicheform (22 cm Ø) fetten. Den Teig auf der leicht bemehlten Arbeitsfläche ausrollen und in die Form legen. Am Rand überstehenden Teig belassen. Nochmals kühl stellen.

Den Backofen auf 190 °C (Umluft 170 °C) vorheizen. Den Teig mit Backpapier abdecken und mit Backgewichten oder Hülsenfrüchten beschweren. Im Ofen (Mitte) 20 Minuten blind backen. Backpapier und Gewichte entfernen und den Boden weitere 5 Minuten backen. Herausnehmen. Die Backofentemperatur auf 160 °C (Umluft 140 °C) verringern.

Für den Belag den Teigboden mit Käse bestreuen. Die Speckwürfel in einer Pfanne knusprig braten und auf dem Käse verteilen.

Eier, Milch und Sahne in einer Schüssel verquirlen. Kräftig mit Salz und Pfeffer würzen und über den Speck gießen. Die Quiche nach Wunsch mit Tomatenscheiben belegen und mit Thymian bestreuen. Am Rand überstehenden Teig abschneiden.

Die Quiche im heißen Ofen (Mitte) 30–40 Minuten backen, bis die Füllung gestockt ist. Herausnehmen und abkühlen lassen. Dabei wird sie noch fester. In Stücke geschnitten servieren.

Tarte mit Ricotta und Pesto

Ein Souvenir aus Italien. Mit fertig gekauftem Filoteig ist die Tarte ganz fix zubereitet. Man kann sie gut für ein Picknick einpacken, aber auch mit einem kleinen Salat als Mittagessen oder als Vorspeise servieren.

Für 4 Personen

100 g Butter, plus Butter für die Form
1 große Lauchstange, geputzt und in dünne Ringe geschnitten
2 Eier (Größe L)
4 EL Sahne
150 g Ricotta
100 g frisch geriebener Parmesan
3 EL Basilikumpesto (siehe Seite 208)
2 EL fein gehackte Petersilienblätter
8 Blätter Filoteig
Meersalz und schwarzer Pfeffer aus der Mühle

Den Backofen auf 180 °C (Umluft 160 °C) vorheizen. Eine Springform (24 cm Ø) mit Butter ausstreichen.

In einer Pfanne 15 g Butter bei mittlerer Hitze erwärmen. Den Lauch darin unter Rühren weich garen. In eine Schüssel füllen und beiseitestellen.

Die Eier in einer Schüssel verquirlen. Lauch, Sahne, Ricotta, Parmesan, Pesto, Petersilie, Salz und Pfeffer zufügen und alles gut verrühren.

Die restliche Butter schmelzen. Ein Teigblatt in die Form legen und mit Butter bepinseln. Ein zweites Blatt auflegen und wieder mit Butter bestreichen. So fortfahren, bis alle Teigblätter eingeschichtet sind.

Den Teig bündig mit dem Formrand abschneiden. Die Füllung in die Form gießen. Die Tarte im Ofen (Mitte) etwa 40 Minuten backen, bis der Rand goldbraun und die Füllung gestockt ist. Vor dem Servieren abkühlen lassen.

Tarte mit Sommergemüse

So aromatisch schmeckt nur der Sommer. Im Herbst und Winter treten gebackene Kürbisstücke und Speckwürfel an die Stelle von Tomaten und Zucchini.

Für 6-8 Personen

1 Rezept gekühlter Mürbeteig (siehe Seite 106)
Butter und Mehl zum Arbeiten
1 EL Olivenöl
2 mittelgroße Zucchini, in Scheiben geschnitten
270 g neue Kartoffeln, gekocht und in Scheiben geschnitten
400 g Tomaten, in Scheiben geschnitten
Meersalz und schwarzer Pfeffer aus der Mühle
100 g Greyerzer, gerieben
1 Handvoll Basilikumblätter
3 Eier
200 g Crème fraîche
150 ml Milch
50 g frisch geriebener Parmesan

Den Backofen auf 200 °C (Umluft 180 °C) vorheizen. Eine Quicheform mit herausnehmbarem Boden (24 cm Ø) mit Butter ausstreichen.

Den Teig auf der bemehlten Arbeitsfläche rund (30 cm Ø) ausrollen und in die Form legen. Den Teig mit Backpapier abdecken und mit Backgewichten oder Hülsenfrüchten beschweren. Im Ofen (Mitte) 15 Minuten blind backen. Backpapier und Gewichte entfernen und den Boden weitere 5 Minuten backen. Herausnehmen. Die Ofentemperatur auf 180 °C (Umluft 160 °C) verringern.

Das Olivenöl in einer Pfanne bei mittlerer Hitze erwärmen. Die Zuchinischeiben darin von beiden Seiten anbräunen.

Die Hälfte von Kartoffeln, Zucchini und Tomaten nacheinander in die Form schichten. Dabei jede Schicht mit Salz und Pfeffer würzen und mit etwas Greyerzer und Basilikum bestreuen. Das restliche Gemüse ebenso einschichten.

Eier, Crème fraîche und Milch verquirlen. Mit Salz und Pfeffer würzen. Den restlichen Greyerzer und die Hälfte des Parmesans unterrühren. Über das Gemüse gießen und mit dem restlichen Parmesan bestreuen.

Die Tarte im heißen Ofen (Mitte) 35–45 Minuten backen, bis die Füllung gestockt und goldgelb ist. Vor dem Servieren mit dem restlichen Basilikum bestreuen und mindestens 10 Minuten abkühlen lassen.

Kartoffel-Rucola-Salat

Ein Klassiker im Picknick-korb – hier mit Rucola.

Für 4 Personen

200 g Crème fraîche
abgeriebene Schale und Saft von
    1 Bio-Zitrone
1 TL Dijonsenf
800 g kleine neue Kartoffeln, gegart
Meersalz und schwarzer Pfeffer aus
    der Mühle
1 Bund Rucola, gewaschen und
    trocken geschleudert

Crème fraîche, Zitronenschale, Zitronensaft und Senf in einer kleinen Schüssel verrühren.

Die Kartoffeln halbieren und noch warm mit dem Dressing vermischen. Mit Salz und Pfeffer würzen. Die Rucolablätter unterheben und den Salat vollständig auskühlen lassen.

Italienischer Nudelsalat

Warm oder kalt, der kommt immer an – auch mal mit Ricotta oder Ziegenkäse statt mit Mozzarella.

Für 4 Personen

400 g Fusilli
Meersalz und schwarzer Pfeffer
    aus der Mühle
1 rote Paprikaschote, halbiert
8 Kirschtomaten, halbiert
12 schwarze Oliven, halbiert
200 g Mozzarella, in mundgerechte
    Stücke geschnitten
1 Bund Basilikum, Blätter grob
    zerzupft
1 Schuss natives Olivenöl extra

Den Backofen auf 180 °C (Umluft 160 °C) vorheizen. In einem großen Topf reichlich Salzwasser aufkochen und die Nudeln darin nach Packungsangabe bissfest garen. In ein Sieb abgießen, kalt abschrecken und abtropfen lassen.

Die Paprika im Ofen (oben) 20 Minuten rösten. Die Hälften in eine Schüssel legen, mit Frischhaltefolie abdecken und 10 Minuten stehen lassen. Dann häuten, Stielansatz, Samen und Scheidewände entfernen und das Fruchtfleisch in Würfel schneiden.

Die Nudeln in eine große Schüssel füllen. Mit Paprika, Tomaten, Oliven, Mozzarella und Basilikum mischen.

Den Salat mit Olivenöl beträufeln und mit Salz und Pfeffer abschmecken.

Spanische Tortilla

Noch reichhaltiger wird die Tortilla durch Chorizoscheiben, und rote Paprika gibt frische Farbe. Nicht gerade sehr spanisch, aber einen Versuch wert: ein Klecks selbst gemachtes Basilikumpesto (siehe Seite 208) dazu.

Für 8 Personen

10 Eier
2 EL Olivenöl
3 Zwiebeln, in dünne Ringe geschnitten
600 g Kartoffeln, geschält und gewürfelt
Meersalz und schwarzer Pfeffer aus der
  Mühle

Die Eier in einer Schüssel leicht verquirlen. In einer Pfanne (20 cm Ø) 1 EL Öl bei mittlerer Hitze erwärmen. Zwiebeln und Kartoffeln hineingeben und bei schwacher Hitze 15 Minuten garen. Dabei alle paar Minuten umrühren.

Die Kartoffeln und Zwiebeln zu den verquirlten Eiern geben. Mit Salz und Pfeffer würzen und alles gut vermischen.

Die Pfanne zurück auf den Herd stellen. Das restliche Öl darin bei schwacher Hitze erwärmen. Die Eiermasse hineingießen und 15 Minuten braten, bis die Eier gestockt sind.

Die Tortilla wenden. Dafür einen Teller auf die Pfanne legen und die Pfanne umdrehen, sodass die Tortilla mit der gebratenen Seite nach oben auf dem Teller liegt. Zurück in die Pfanne gleiten lassen und von der zweiten Seite noch 5 Minuten braten.

Die Tortilla schmeckt heiß oder kalt. Eine große Schüssel grüner Salat passt perfekt dazu.

Geflügelleberpastete

Vor Jahren verkaufte ich selbst gemachte Produkte auf Bauernmärkten im Süden Irlands. Diese Geflügelleberpastete gehörte zu meinen Bestsellern. Im Kühlschrank ist sie 1 Woche haltbar.

Für 10 Personen

Für die Geflügellebermousse
450 g weiche Butter
675 g Hühnerleber, geputzt
1 Knoblauchzehe, zerdrückt
2 TL Thymianblättchen
2 EL Weinbrand

Für die Karamellzwiebeln
20 g Butter
2 Zwiebeln, in Ringe geschnitten
1 EL braune Senfsamen

Für die Mousse in einer Pfanne etwas Butter erhitzen. Die Leber darin bei mittlerer Hitze etwa 15 Minuten braten, dabei gelegentlich umrühren. Wenn die Leber vollständig durchgegart und nicht mehr rosa ist, aus der Pfanne nehmen und in den Mixer geben.

Knoblauch und Thymian in die Pfanne streuen, mit Weinbrand ablöschen und den Bratensatz vom Pfannenboden lösen. Den Bratensatz ebenfalls in den Mixer gießen und mit der Leber fein pürieren. Abkühlen lassen.

Inzwischen für die Karamellzwiebeln die Butter in einem Topf schmelzen. Die Zwiebeln darin zugedeckt 5 Minuten garen. Den Deckel abnehmen, die Hitze erhöhen und die Senfsamen unterrühren. Weiterbraten bis die Zwiebeln weich und schön gebräunt sind.

Die restliche Butter nach und nach zur pürierten Leber geben und untermixen. Zuletzt die Karamellzwiebeln unterziehen.

Die Geflügellebermousse in eine Servierschüssel füllen, abdecken und mindestens 3 Stunden im Kühlschrank ruhen lassen. Mit knusprigem Weißbrot servieren.

Die Pastete ist sogar bis zu 2 Wochen haltbar, wenn die Oberfläche vor dem Kühlen mit geklärter Butter übergossen wird.

Variante
Für Geflügellebermousse mit Speck und Rosmarin Karamellzwiebeln und Senfkörner durch 100 g Speckwürfel ersetzen. Diese zusammen mit der Leber anbraten. Dann statt Thymian frischen Rosmarin verwenden.

Schoko-Mandel-Kuchen

Saftig, schokoladig und unwiderstehlich ... Vorsicht, dieser Kuchen macht süchtig! Hier lohnt es sich wirklich, eine gute dunkle Schokolade zu kaufen.

Für 12 Stücke

150 g dunkle Schokolade (mindestens 70 % Kakaoanteil), in Stücke gebrochen
150 g Butter, gewürfelt
4 Eier, getrennt
90 g Zucker
80 g Mehl
½ TL Backpulver
150 g gemahlene Mandeln

Für die Glasur
150 g dunkle Schokolade (mindestens 70 % Kakaoanteil), in Stücke gebrochen
150 g Butter, gewürfelt
Mandelblättchen zum Bestreuen

Den Backofen auf 180 °C (Umluft 160 °C) vorheizen. Eine Springform (24 cm Ø) mit Backpapier auskleiden.

Die Schokolade mit der Butter in eine Metallschüssel geben und über einem heißen Wasserbad schmelzen lassen. Dabei häufig umrühren. Zum Abkühlen beiseitestellen. Die Eiweiße steif schlagen.

In einer zweiten Schüssel die Eigelbe mit dem Zucker hellgelb und dickschaumig aufschlagen. Die flüssige Schokolade sorgfältig unterziehen. Mehl, Backpulver und Mandeln unterheben. Den Eischnee behutsam unterziehen.

Den Teig in die Form füllen. Im Ofen (Mitte) 40–50 Minuten backen, bis die Oberfläche fest ist. Herausnehmen und den Kuchen in der Form abkühlen lassen.

Für die Glasur die Schokolade in einer Metallschüssel über ein heißes Wasserbad setzen. Die Butter dazugeben und beides unter Rühren schmelzen lassen. Die flüssige Schokolade vom Wasserbad nehmen und abkühlen lassen. Dabei alle paar Minuten umrühren.

Den Kuchen mit der abgekühlten Glasur überziehen und mit Mandelblättchen bestreuen.

Spitzbuben

Man kann solche Plätzchen natürlich auch fertig kaufen, aber selbst gemacht schmecken sie um Klassen besser.

Ergibt 12-16 Stück

250 g weiche Butter
350 g Mehl, plus Mehl zum Arbeiten
125 g Puderzucker, plus Puderzucker zum Bestäuben
1 Prise Meersalz
200 g Erdbeer- oder Himbeerkonfitüre

Den Backofen auf 180 °C (Umluft 160 °C) vorheizen. Ein Backblech mit Backpapier belegen.

Die Butter schaumig schlagen. Mehl, Puderzucker und Salz zugeben und alles rasch zu einem glatten Teig verkneten. Den Teig zu einer Kugel formen, in Frischhaltefolie wickeln und 1 Stunde im Kühlschrank ruhen lassen.

Den Teig auf der bemehlten Arbeitsfläche ausrollen und runde Plätzchen (etwa 5 cm Ø) ausstechen. Die Hälfte der Plätzchen aufs Blech legen.

Aus den restlichen Plätzchen mit einem kleinen Herzausstecher in der Mitte Herzchen ausstechen. Die Plätzchen mit Herz ebenfalls aufs Blech legen.

Alle Plätzchen im Ofen (Mitte) 6–8 Minuten backen. Herausnehmen und abkühlen lassen.

Die Unterseite der Plätzchen mit Marmelade bestreichen. Jeweils eines mit und eines ohne Mittelherz zusammensetzen. Mit Puderzucker bestäuben.

Ganz entspannt genießen

Zitronen-Limetten-Sirup

Davon ruhig gleich eine größere Menge zubereiten. Denn in einer sauberen Flasche ist der Sirup im Kühlschrank etwa 3 Monate haltbar.

Ergibt 1 l

1 EL abgeriebene Schale von 1 Bio-Zitrone
2 TL abgeriebene Schale von 1 Bio-Limette
200 ml Zitronensaft
200 ml Limettensaft
270 g Zucker
600 ml kochendes Wasser

Zitrusschale, Zitrussaft und Zucker in einem Topf mischen. Das kochende Wasser zugießen und rühren, bis sich der Zucker aufgelöst hat.

Den Sirup noch heiß in sterilisierte Flaschen füllen.

Zum Servieren einen Teil Sirup in ein Glas geben und mit zwei Teilen kaltem Mineralwasser oder Eiswasser auffüllen. Mit Zitronen- und Limettenscheiben und frischer Minze garnieren.

Alles für die Tea Time

Eine gepflegte Teestunde am Nachmittag ist etwas Wunderbares – und damit meine ich nicht einen Teebeutel und ein paar trockene Kekse. Ich denke da vielmehr an feine kleine Sandwiches, warme Scones und selbst gebackenen Kuchen. Und es versteht sich von selbst, dass der Tee aus losen Blättern nach allen Regeln der Kunst aufgebrüht wird.

In meiner Heimat nimmt man den Tee gern in einem *tea room* ein. Wenn man sich etwas ganz Besonderes gönnen will, geht man in ein feines Hotel. Aber auch zu Hause kann man eine Teestunde stilvoll zelebrieren, ohne viel Geld auszugeben. Eine gute Gelegenheit, um Omas gutes Porzellan aus dem Schrank zu holen. Vielleicht findet sich auch irgendwo noch eine Spitzendecke mit passenden Servietten. Wenn etwas fehlt, wird man sicher auf dem Flohmarkt oder in Secondhandläden fündig.

Eine Einladung zum Tee – das hat einen gewissen altmodischen Charme und verlangt dabei gar keinen großen Aufwand. Ideal ist sie für alle, die gern backen. Dann betrachtet man voller Stolz die üppigen Torten und die Plätzchen auf dem Kuchengitter. Auch anlässlich eines Geburtstags oder statt eines Junggesellinnenabends vor der Hochzeit ist eine Einladung zum Tee eine entspannte Alternative. Richtig edel wird es mit feinen Cupcakes (siehe Seite 132) oder Madeleines (siehe Seite 125). Auch der Pistazienkuchen (siehe Seite 126) ist eine gute Wahl.

Eine gute Tasse Tee

Die Teekanne mit heißem Wasser vorwärmen.

Die benötigte Menge weiches Wasser abmessen und zum Kochen bringen.

Kurz bevor das Wasser kocht, die Teekanne entleeren und pro Tasse 1 TL Teeblätter hineingeben, zusätzlich 1 TL »für die Kanne«.

Die Teeblätter mit dem kochenden Wasser übergießen.

Den Tee je nach gewünschter Stärke 3–7 Minuten ziehen lassen.

Die perfekte Gastgeberin gießt zunächst nach Wunsch des Gastes Zitronensaft oder kalte Vollmilch in die Tasse und füllt dann mit Tee auf. Ein kleines Sieb verhindert, dass Blätter mit in die Tasse gleiten.

Fingersandwiches

Zu einem echten englischen *afternoon tea* gehören nicht nur süße Leckereien, sondern auch herzhafte Sandwiches, ohne Rinde in schmale Streifen geschnitten. Zu den beliebtesten Füllungen für diese feinen Häppchen zählen Eiersalat und Räucherlachs mit Gurke. Ganz wichtig: Das Brot wird nicht getoastet.

Eiersandwich

Reicht aus, um den kleinen Hunger in die Flucht zu schlagen.

Ergibt 8 Stück

3 Eier
1 EL Crème fraîche
2 TL fein gehackte glatte Petersilie
Meersalz und schwarzer Pfeffer aus der Mühle
4 Scheiben Toastbrot

Die Eier 8 Minuten kochen. Abschrecken und abkühlen lassen. Dann pellen, zerdrücken und mit Crème fraîche und Petersilie vermischen. Mit Salz und Pfeffer abschmecken.

Den Eiersalat auf 2 Scheiben Brot verstreichen und mit den restlichen Scheiben abdecken. Die Rinde abschneiden und jedes Sandwich in 4 Streifen teilen.

Sandwich mit Gurke und Räucherlachs

Eine klassische Kombination, an der es nichts zu verbessern gibt. Unbedingt Räucherlachs von bester Qualität kaufen.

Ergibt 8 Stück

1 EL Mayonnaise
2 TL gehackter Dill
4 Scheiben Vollkorntoast
4 Scheiben Räucherlachs
10 dünne Scheiben Gurke
Meersalz und schwarzer Pfeffer aus der Mühle

Die Mayonnaise mit dem Dill verrühren. 2 Brotscheiben mit der Dillmayonnaise bestreichen, Lachs- und Gurkenscheiben darauf verteilen. Salzen und pfeffern.

Mit den restlichen Brotscheiben abdecken. Die Rinde abschneiden und jedes Sandwich in 4 Streifen teilen.

Buttrige Scones

Frisch aus dem Ofen
servieren. Dazu gehört
unbedingt selbst gemachte
Konfitüre (siehe Seite 20)
und ein Schälchen Clotted
cream oder – wenn die
nicht zu bekommen ist –
Schlagsahne.

Ergibt 8 Stück

300 g Mehl, plus Mehl
   zum Arbeiten
1 EL Backpulver
50 g Zucker
130 g kalte Butter
1 Ei plus etwas verquirltes Ei
   zum Bestreichen
100 g Sahne

Das Mehl mit Backpulver und Zucker in eine
große Schüssel sieben. Die Butter auf einer
groben Reibe dazuraspeln und alles mit den
Fingerspitzen zu feinen Krümeln verreiben.

In einer zweiten Schüssel Ei und Sahne verquirlen.
Zu den Krümeln gießen und alles rasch zu einem
glatten Teig verkneten.

Ein Backblech mit Backpapier belegen. Die Hände
bemehlen. Den Teig auf der bemehlten Arbeitsfläche etwa 2 cm dick ausrollen. Mit einem runden
Ausstecher (etwa 5 cm Ø) 8 Kreise ausstechen.

Die Scones mit verquirltem Ei bestreichen und im
Kühlschrank 1 Stunde ruhen lassen.

Den Backofen auf 220 °C (Umluft 200 °C) vorheizen.
Die Scones im Ofen (Mitte) in etwa 10 Minuten
goldgelb backen.

Madeleines

Wundervoll luftig und leicht – und ganz einfach zu backen. Man braucht dazu aber ein spezielles Blech mit muschelartigen Vertiefungen, die den Madeleines ihre charakteristische Form geben.

Ergibt 24 Stück

200 g Mehl, plus Mehl zum Arbeiten
1 TL Backpulver
4 Eier
140 g Zucker
200 g weiche Butter, plus Butter
   für die Form
2 TL Vanillezucker
2 TL Puderzucker

Den Backofen auf 180°C (Umluft 160 °C) vorheizen. Ein Madeleines-Blech (mit 24 Vertiefungen) mit Butter ausstreichen und dünn mit Mehl ausstreuen.

Das Mehl mit dem Backpulver in eine große Schüssel sieben.

In einer zweiten Schüssel Eier und Zucker mit dem Handrührgerät schaumig schlagen. Die Butter einrühren.

Mit einem Spatel die Mehlmischung und den Vanillezucker unterziehen. Den Teig abgedeckt im Kühlschrank 20 Minuten ruhen lassen.

Den Teig mit einem Löffel in die Blechvertiefungen füllen. Die Madeleines im Ofen (Mitte) in etwa 10 Minuten goldgelb backen.

Die Madeleines 5 Minuten in der Form abkühlen lassen. Dann herauslösen und auf ein Kuchengitter legen. Mit Puderzucker bestäuben.

Saftiger Pistazienkuchen mit Honig

Schmeckt genauso gut wie er aussieht. Süß, saftig und mit zartem Biss – einer meiner feinsten Kuchen. Mit einem Klecks Mascarpone servieren.

Ergibt 12 Stücke

4 Eier (Größe L)
150 g Zucker
125 ml Pflanzenöl, plus Öl für die Form
110 g Mehl
110 g Hartweizengrieß
1 ½ TL Backpulver
1 Prise Salz
175 g Pistazienkerne, gemahlen
1 TL abgeriebene Schale von 1 Bio-Zitrone
2 EL Pistazienkerne, gehackt

Für den Sirup
300 g Honig
1 TL Zitronensaft

Den Backofen auf 180 °C (Umluft 160 °C) vorheizen. Eine Springform (24 cm Ø) mit Öl auspinseln.

Eier und Zucker in einer großen Schüssel mit dem Handrührgerät in etwa 5 Minuten dickschaumig aufschlagen. Nach und nach das Öl einrühren. Mehl, Grieß, Backpulver und Salz unterrühren.

Gemahlene Pistazien und Zitronenschale unterziehen. Den Teig in die Form füllen und im Ofen (Mitte) 30–35 Minuten backen.

Inzwischen für den Sirup den Honig mit 250 ml Wasser und dem Zitronensaft in einem Topf bei starker Hitze aufkochen. In etwa 10 Minuten auf die Hälfte einkochen lassen.

Den Kuchen aus dem Ofen nehmen und noch heiß mehrmals mit einem Holzstäbchen einstechen. Die Hälfte des heißen Sirups darüberträufeln und einziehen lassen. Den restlichen Sirup über den Kuchen gießen. Vollständig abkühlen lassen, dann mit den gehackten Pistazien bestreuen.

Erdbeertorte mit Sahne

Der Sonntagskuchen meiner Kindheit. Das Rezept ist ganz einfach: ein leichter Rührteig, mit frischen Erdbeeren und Schlagsahne gefüllt. Die einfachen Sachen sind eben oft die besten. Außerhalb der Saison könnt ihr statt frischer Beeren Konfitüre verwenden.

Ergibt 6 Stücke

220 g weiche Butter, plus Butter für die Form
220 g Zucker
4 Eier
220 g Mehl
2 TL Backpulver
1 Prise Salz
200 g Schlagsahne
300 g Erdbeeren, geputzt und in Scheiben geschnitten
Puderzucker zum Bestäuben

Den Backofen auf 190 °C (Umluft 170 °C) vorheizen. Drei Springformen (18 cm Ø) mit Butter ausstreichen.

Butter und Zucker in einer Schüssel mit dem Handrührgerät schaumig schlagen. Die Eier einzeln unterrühren.

Mehl, Backpulver und Salz auf die Buttermasse sieben. 2 EL warmes Wasser zugeben und alles sorgfältig unterheben.

Den Teig in die Formen füllen und im Ofen (Mitte) 15–20 Minuten backen. Zur Garprobe mit einem Holzstäbchen in die Mitte der Kuchen stechen. Wenn beim Herausziehen kein Teig mehr daran haftet, sind die Böden fertig.

Die Böden leicht abgekühlt aus den Formen lösen und auf einem Kuchengitter vollständig auskühlen lassen.

Einen Boden auf eine Kuchenplatte setzen. Die Hälfte von Schlagsahne und Erdbeeren darauf verteilen. Den zweiten Boden auflegen und die restliche Sahne und Erdbeeren daraufschichten. Mit dem dritten Boden abdecken. Die Torte mit Puderzucker bestäuben.

Irischer Rosinenkuchen

Ein irisches Traditionsge-
bäck – und perfekt zum
Aufbrauchen aller Trockenfrüchte, die von der Weih-
nachtsbäckerei übrig sind.
Auch leicht getoastet und
mit Butter bestrichen ein
Genuss. Der Kuchen bleibt
bis zu 2 Wochen frisch.

Ergibt 16 Stücke

350 g Rosinen, Sultaninen und Korinthen,
  gemischt
300 ml kalter schwarzer Tee
120 g Zucker
1 Ei, verquirlt
250 g Mehl
2 TL Backpulver
2 TL Lebkuchengewürz
Butter für die Form

Die Trockenfrüchte in eine Schüssel füllen und
mit dem Tee übergießen. Mindestens 8 Stunden
oder über Nacht quellen lassen.

Den Backofen auf 180 °C (Umluft 160 °C)
vorheizen. Eine Kastenform (30 cm lang) mit
Butter ausstreichen.

Zucker und Ei in eine große Schüssel geben.
Mehl, Backpulver und Lebkuchengewürz
darübersieben. Alles gut verrühren.

Die Trockenfrüchte samt Einweichflüssigkeit
zum Teig geben und unterheben. Den Teig in
die Form füllen und im Ofen (Mitte) 1 Stunde
backen. Wenn die Oberfläche zu rasch bräunt,
mit Alufolie abdecken.

Den Kuchen leicht abgekühlt aus der Form
lösen und auf einem Kuchengitter vollständig
auskühlen lassen.

Cupcakes mit Vanillecreme

Die Vanillecreme für diese feinen Törtchen kann man bis zu 3 Tage im Voraus zubereiten. Die Creme dann in einem luftdicht schließenden Behälter aufbewahren.

Ergibt 48 Stück

225 g weiche Butter
250 g Zucker
1 Päckchen Vanillezucker
4 Eier (Größe L), zimmerwarm
260 g Mehl
2 TL Backpulver
225 ml Milch

Für die Vanillecreme
225 g weiche Butter
600 g Puderzucker
1 Päckchen Vanillezucker
110 ml Milch

Den Backofen auf 180 °C (Umluft 160 °C) vorheizen. Zwei Muffinbleche (à 24 Vertiefungen) mit Papierförmchen auslegen.

Die Butter in einer großen Schüssel mit dem Handrührgerät schaumig schlagen. Dabei nach und nach den Zucker und den Vanillezucker einrieseln lassen. Die Eier einzeln einrühren.

Mehl und Backpulver auf die Buttermasse sieben und unterheben. Dabei langsam die Milch zugießen. Den Teig mit einem Spatel nochmals sorgfältig durchrühren, damit alles gut vermischt ist.

Den Teig in die Blechvertiefungen verteilen, bis sie zu drei Vierteln gefüllt sind. Die Cupcakes im Ofen (Mitte) 20–25 Minuten backen. Zur Garprobe mit einem Holzstäbchen in die Mitte eines Küchleins stechen. Wenn beim Herausziehen kein Teig mehr daran haftet, sind sie fertig.

Die Cupcakes 15 Minuten in der Form abkühlen lassen. Dann herauslösen und auf einem Kuchengitter abkühlen lassen.

Für die Vanillecreme Butter, 400 g Puderzucker, Vanillezucker und Milch in eine Schüssel geben. Alles mit dem Handrührgerät bei mittlerer Geschwindigkeit aufschlagen, bis eine weiche, cremige Masse entsteht.

Den restlichen Puderzucker löffelweise sorgfältig unterrühren, bis eine streichfähige Creme entsteht. Eventuell wird nicht der ganze Puderzucker benötigt.

Die Cupcakes mit der Vanillecreme verzieren. Im Kühlschrank fest werden lassen.

Ganz entspannt genießen

Espressotorte

Luftig-leichter Biskuit mit einer herrlich intensiven Espressocreme – unwiderstehlich.

Ergibt 6 Stücke

200 g weiche Butter, plus Butter für die Form
200 g Zucker
3 Eier (Größe L)
200 g Mehl
1½ TL Backpulver
70 g Walnusskerne, fein gehackt
1 EL Espresso
16 Walnusshälften zum Garnieren

Für die Espressocreme
260 g Mascarpone
90 g Puderzucker
2 TL Espresso

Den Backofen auf 180 °C (Umluft 160 °C) vorheizen. Zwei Springformen (20 cm Ø) mit Butter ausstreichen und mit Backpapier auslegen.

Butter und Zucker in einer großen Schüssel mit dem Handrührgerät schaumig schlagen. Die Eier einzeln einrühren.

Das Mehl mit dem Backpulver auf die Buttermasse sieben und mit einem Kochlöffel unterheben. Walnüsse und Espresso unterziehen.

Den Teig in die Formen füllen und im Ofen (Mitte) in 25 Minuten goldbraun backen. Zur Garprobe mit einem Holzstäbchen in die Mitte der Kuchen stechen. Wenn beim Herausziehen kein Teig mehr daran haftet, sind die Böden fertig.

Die Böden leicht abgekühlt aus den Formen lösen und auf einem Kuchengitter auskühlen lassen.

Für die Espressocreme Mascarpone, Puderzucker und Espresso glatt verrühren.

Einen Boden auf eine Kuchenplatte setzen und mit der Hälfte der Espressocreme bestreichen. Den zweiten Boden auflegen. Die Torte mit der restlichen Creme überziehen und mit den Walnusshälften verzieren.

Essen und relaxen

Draußen ist es kalt. Den ganzen Tag war im Büro der Teufel los, und das Telefon klingelte pausenlos. Jetzt will ich nur noch vor einem prasselnden Kaminfeuer sitzen, mit netten Freunden ein gutes Glas Rotwein trinken und dazu eine Kleinigkeit essen.

In meiner Kindheit gab es bei uns zu Hause manch-mal *tea on the knee*. Man musste also nicht am Tisch essen und sich gut benehmen, sondern durfte es sich vor dem Fernseher auf dem Boden bequem machen. Und unser Hund rollte sich ungestraft auf dem Sofa zusammen. Ein gemütliches Abendessen ist nicht dazu da, um jemanden zu beeindrucken. Es geht um eine einfache, entspannte Mahlzeit mit ein paar lieben Menschen. Das Essen ist im Nu fertig oder lässt sich ganz einfach vorbereiten. Natürlich hat hier jeder seine eigenen Vorlieben, aber Hack-bällchen mit Spaghetti oder gratinierte Käsenudeln (siehe Seite 136 und 137) kommen immer gut an.

Ein gemütliches Essen vor dem Kamin ist auch nicht der Moment, um über Kalorien nachzuden-ken. Etwas Süßes gehört nämlich unbedingt dazu. Und ab und zu richtet Reispudding oder Apfel-Brombeer-Crumble (siehe Seite 154 und 175) wirk-lich keinen Schaden an, ganz im Gegenteil. Aber das Wichtigste ist: nur kein Stress! Schlichte, schnell zubereitete Gerichte, dann ein Glas Wein, auf dem Sofa ausstrecken und gemeinsam eine DVD anschauen … perfekt.

Italienische Hackbällchen

An so manchem Winter-
abend hat dieses Gericht
mich in meiner Turiner
Zeit gewärmt. In Nordita-
lien kann der Winter näm-
lich sehr kalt sein, und
wenn man durch den
Schnee nach Hause stapft,
freut man sich auf eine
warme Mahlzeit.

Für 4-6 Personen

250 g Rinderhackfleisch
1 kleine rote Chilischote, nach Wunsch die
    Samen entfernt, fein gehackt
2 Knoblauchzehen, zerdrückt
1 Eigelb
Meersalz und schwarzer Pfeffer aus der
    Mühle
100 g Mehl
50 ml Olivenöl
1 Zwiebel, fein gehackt
600 g stückige Tomaten (aus der Dose)
1 kleines Bund Basilikum, Blätter grob
    zerzupft
600 g Spaghetti
frisch geriebener Parmesan zum Servieren

Hackfleisch, Chilischote, Knoblauch und
Eigelb in eine große Schüssel geben. Mit Salz
und Pfeffer würzen und alles gut mischen.

Vom Fleischteig mit einem Esslöffel kleine Portionen abstechen, zu Bällchen rollen und im
Mehl wenden. Die Bällchen 30 Minuten kühl
stellen, dann bleiben sie beim Braten in Form.
(Bis zu diesem Punkt können die Hackbäll-
chen schon am Vorabend zubereitet werden.)

Eine Pfanne bei mittlerer Hitze erwärmen. Das
Olivenöl hineingeben und die Zwiebel darin
anbraten, bis sie weich ist.

Die Fleischbällchen dazugeben und rundum
goldbraun braten. Tomaten und Basilikum
unterrühren. Mit Salz und Pfeffer abschmecken
und bei schwacher Hitze 10–15 Minuten
köcheln lassen.

Inzwischen die Spaghetti in reichlich kochendem Salzwasser nach Packungsangabe bissfest garen. Abgießen, kurz abtropfen lassen
und zur Sauce geben. Alles gut durchmischen
und mit Parmesan servieren.

Feentrick

Schnelles Knoblauchbrot

Den Backofen auf 180 °C (Umluft
160 °C) vorheizen. 4 Knoblauchzehen
zerdrücken und in einer Schüssel mit
200 g weicher Butter verrühren. Ein
Ciabattabrot in Scheiben schneiden
und mit der Butter bestreichen. Im
Ofen (Mitte) 15 Minuten backen.

Gratinierte Käsenudeln mit Speck

Meine Rettung, wenn ich müde nach Hause komme und schnell etwas Leckeres brauche, das mich wieder aufbaut. Statt Räucherspeck passen auch Salamiwürfelchen oder Thunfisch in den Auflauf.

Für 4-6 Personen

500 g kurze Röhrennudeln
1 TL Olivenöl
100 g durchwachsener Räucher-
    speck, gewürfelt
200 g altbackene Brötchen
80 g Butter

Für die Sauce
70 g Butter
70 g Mehl
650 ml Milch
200 g frisch geriebener Cheddar
    (oder Gouda)
70 g frisch geriebener Parmesan
Meersalz und schwarzer Pfeffer
    aus der Mühle
1 TL Dijonsenf

Den Backofen auf 180 °C (Umluft 160 °C) vorheizen.

Für die Sauce die Butter in einem schweren Topf erhitzen. Das Mehl darin 2 Minuten unter Rühren anschwitzen. Die Milch langsam zugießen, dabei beständig weiterrühren. Beide Käsesorten unterziehen. Die Sauce mit Salz und Pfeffer würzen, den Senf einrühren.

Die Sauce bei schwacher Hitze köcheln lassen, bis sie cremig ist und die Rückseite eines Kochlöffels überzieht. Bei Bedarf noch etwas Milch zufügen.

Inzwischen die Nudeln in einem Topf mit reichlich kochendem Salzwasser nach Packungsangabe bissfest garen. Abgießen und abtropfen lassen.

Das Olivenöl in einer Pfanne bei starker Hitze erwärmen. Die Speckwürfel darin in etwa 5 Minuten knusprig braten.

Die Nudeln in eine Auflaufform (24 cm Ø) füllen. Die Speckwürfel untermischen und mit der Käsesauce übergießen.

Die Brötchen reiben (am besten von Hand, alternativ im Mixer). Die Pfanne wieder auf den Herd stellen und die Butter schmelzen. Die Semmelbrösel darin 2–3 Minuten anrösten.

Die Semmelbrösel über die Käsenudeln streuen. Den Auflauf im Ofen (Mitte) in etwa 40 Minuten goldgelb überbacken.

Klassische Lasagne

Lasagnerezepte gibt es wie Sand am Meer, aber dieses ist garantiert authentisch. Wie man Lasagne macht, habe ich nämlich in Italien gelernt.

Für 6 Personen

2–3 EL Olivenöl
25 g Butter, plus Butter für die Form
2 Zwiebeln, fein gewürfelt
1 mittelgroße Möhre, fein gewürfelt
½ Selleriestange, fein gewürfelt
2 Knoblauchzehen, zerdrückt
1 kg Rinderhackfleisch
Meersalz und schwarzer Pfeffer aus der Mühle
400 ml Rotwein
600 g stückige Tomaten (aus der Dose)
1 Bund Basilikum, Blätter grob zerzupft
100 g frisch geriebener Parmesan
12 frische Lasagneplatten

Für die Béchamelsauce
90 g Butter
90 g Mehl
850 ml Milch
1 Prise frisch geriebene Muskatnuss

Olivenöl und Butter in einem Schmortopf bei mittlerer Hitze erwärmen. Zwiebeln, Möhre, Sellerie und Knoblauch darin 5 Minuten anschwitzen, bis sie weich sind.

Das Hackfleisch dazugeben und mit Salz und Pfeffer würzen. Unter Rühren anbraten, bis es bräunt. Den Wein zugießen und alles 20 Minuten köcheln lassen.

Tomaten und Basilikum unterrühren. Die Sauce bei schwacher Hitze mindestens 1 Stunde köcheln lassen. Je länger sie gart, umso zarter wird das Fleisch.

Für die Béchamelsauce die Butter in einem Topf erhitzen. Das Mehl einrühren und 2 Minuten anschwitzen. Die Milch langsam unter Rühren zugießen. Die Sauce bei schwacher Hitze köcheln lassen, bis sie cremig ist und die Rückseite eines Kochlöffels deckend überzieht. Bei Bedarf noch etwas Milch zufügen. Mit Muskat würzen.

Den Backofen auf 180 °C (Umluft 160 °C) vorheizen. Eine Auflaufform mit Butter ausstreichen. Etwa 1 cm hoch Hackfleischsauce auf dem Boden der Form verteilen. Darauf eine dünne Schicht Béchamel streichen, mit etwas Parmesan bestreuen und mit einer Lage Nudelblätter abdecken. Diesen Vorgang noch zwei- bis dreimal wiederholen. Mit Nudelblättern abschließen und diese großzügig mit Parmesan bestreuen.

Die Lasagne im Ofen (Mitte) etwa 40 Minuten backen, bis die Sauce Blasen wirft und die Lasagneplatten sich mit einem Messer leicht einstechen lassen.

Risotto mit Waldpilzen

Auch das Risottokochen habe ich in Italien gelernt. Mit ein paar simplen Regeln ist es eigentlich ganz einfach: Zuerst die Zwiebeln anschwitzen, dann den Reis zugeben und zuletzt portionsweise die Brühe. Die Variationsmöglichkeiten sind endlos – von Spargel mit Ricotta über rote Paprika mit Basilikum und Mascarpone bis hin zu Hühnchen mit Parmesan und Estragon oder Kürbis mit Salbei.

Für 4 Personen

100 g Butter
1 Zwiebel, sehr fein gehackt
2 Knoblauchzehen, zerdrückt
300 g Risottoreis
100 ml trockener Weißwein
1 l heiße Gemüsebrühe
2 EL Olivenöl
250 g gemischte Waldpilze (oder braune Zuchtchampignons)
Meersalz und schwarzer Pfeffer aus der Mühle
1 Zweig Salbei, die Blätter fein gehackt
60 g frisch geriebener Parmesan

In einem großen Topf 75 g Butter erhitzen. Die Zwiebel und die Hälfte des Knoblauchs darin 3–4 Minuten anschwitzen, bis sie weich sind.

Den Reis einstreuen und etwa 1 Minute durchrühren, bis die Körner mit Butter überzogen sind. Den Wein zugießen und einige Minuten köcheln lassen, bis er verdampft ist.

Die heiße Brühe in mehreren Portionen zugießen. Dabei den Reis immer nur bedecken und beständig rühren, bis der Reis die Flüssigkeit aufgesogen hat.

Während der Reis gart, das Olivenöl in einer Pfanne bei mittlerer Hitze erwärmen. Den restlichen Knoblauch darin 1 Minute anschwitzen. Die Pilze zugeben und 2–3 Minuten braten. Mit Salz und Pfeffer würzen.

Wenn der Reis gar und die gesamte Brühe aufgebraucht ist, den Topf vom Herd nehmen und 30 Sekunden stehen lassen.

Pilze, restliche Butter, Salbei und Parmesan unterrühren. Nochmals mit Salz und Pfeffer abschmecken und sofort servieren.

Feentrick

Risottoreis

Für Risotto braucht man italienischen Rundkornreis. Ich bevorzuge die Sorte Carnaroli, aber auch Arborio oder Vialone nano ergeben gute Resultate und sind überall erhältlich.

Cottage Pie

Im Backofen eine Cottage Pie, im Kamin ein knisterndes Feuer – das ist mein ganz persönliches Chill-out-Programm nach einer stressigen Arbeitswoche. Von diesem Auflauf macht man am besten gleich eine größere Portion und friert den Rest ein für Tage, an denen man keine Lust zum Kochen hat.

Für 6 Personen

2 EL Olivenöl
1 Zwiebel, gewürfelt
1 Knoblauchzehe, zerdrückt
2 mittelgroße Möhren, gewürfelt
800 g Rinderhackfleisch
4 TL Tomatenmark
300 ml heiße Rinderbrühe
200 g TK-Erbsen
1 kg Kartoffelpüree
90 g Butter, zerlassen
Meersalz und schwarzer Pfeffer aus der Mühle

Das Olivenöl in einem Schmortopf bei mittlerer Hitze erwärmen. Zwiebel, Knoblauch und Möhren hineingeben. Einen Deckel auflegen und bei schwacher Hitze 5 Minuten anschwitzen.

Den Deckel abnehmen, das Hackfleisch zugeben und bei starker Hitze unter Rühren bräunen.

Tomatenmark, Rinderbrühe und Erbsen zufügen. Mit Salz und Pfeffer würzen und alles bei schwacher Hitze 15 Minuten köcheln lassen.

Den Backofen auf 180°C (Umluft 160°C) vorheizen.

Die Hackfleischsauce in eine Auflaufform füllen, Das Kartoffelpüree darauf verteilen und die Oberfläche mit flüssiger Butter bestreichen.

Den Auflauf im Ofen (Mitte) in 50 Minuten knusprig goldgelb überbacken.

Gemüsecurry

Nur Gemüse, aber was für ein herrliches Aroma! Wer mag, kann zusätzlich noch Hähnchenfleisch oder Garnelen ins Curry rühren.

Für 4 Personen

500 g Kartoffeln, größere Knollen halbiert
50 ml Olivenöl
2 Zwiebeln, gehackt
4 Knoblauchzehen, zerdrückt
5 cm frischer Ingwer, geschält und zerdrückt
1 TL gemahlene Kurkuma
2 TL gemahlener Kreuzkümmel
1 mittelgroße Aubergine, in Stücke geschnitten
18 grüne Bohnen, in Stücke geschnitten
1 Dose stückige Tomaten (400 g)
2 TL gemahlener Koriander
3 EL Naturjoghurt
Meersalz und schwarzer Pfeffer aus der Mühle

Die Kartoffeln waschen und in einen Topf füllen. Halbhoch Wasser zugießen und aufkochen. Dann bei schwacher bis mittlerer Hitze fast gar köcheln. Abgießen und abkühlen lassen. Die Kartoffeln pellen und in Spalten schneiden.

Etwas Olivenöl in einem Topf erwärmen. Kartoffeln, Zwiebeln, Knoblauch, Kurkuma und Kreuzkümmel darin bei mittlerer Hitze unter Rühren anbraten, bis die Kartoffeln goldgelb sind. Das Gemüse aus der Pfanne nehmen und auf einer Platte warm halten.

Das restliche Öl in der Pfanne erhitzen. Aubergine und Bohnen darin 5 Minuten garen. Die Kartoffelmischung einrühren. Tomaten, Koriander und Joghurt unterheben.

Das Curry mit Salz und Pfeffer abschmecken und bei schwacher Hitze noch 10 Minuten köcheln lassen.

Feentrick

Curryzauber

• Wird das Curry mit Hühnchen zubereitet, die Aubergine weglassen.

• Frische Koriandersamen bekommen? Fein. Diese erst ganz zuletzt zugeben, damit ihr Aroma erhalten bleibt.

• Übrigens: Das Curry schmeckt aufgewärmt noch besser als frisch gekocht.

Käsefondue

Eine Erinnerung an den letzten Skiurlaub in den Bergen. Aber nicht nur nach einem anstrengenden Tag auf der Piste macht es Spaß, mit Freunden um den Fonduetopf zu sitzen.

Für 2-4 Personen

1 Knoblauchzehe
80 ml trockener Weißwein
200 g Fontina, gerieben
200 g Reblochon, gewürfelt
1 Prise frisch geriebene Muskatnuss
1 EL Speisestärke
2 EL Kirschwasser
Meersalz und schwarzer Pfeffer aus
  der Mühle

Die Knoblauchzehe halbieren und den Fonduetopf damit ausreiben.

Den Weißwein in den Topf gießen und bei mittlerer Hitze zum Köcheln bringen. Beide Käsesorten dazugeben, mit Muskat würzen und den Käse unter Rühren schmelzen lassen.

Speisestärke und Kirschwasser in einer kleinen Schüssel verquirlen. Langsam unter den flüssigen Käse rühren.

Die Käsesauce etwa 5 Minuten unter Rühren köcheln lassen, bis sie cremig ist. Mit Salz und Pfeffer abschmecken. Falls die Sauce zu dick ist, noch etwas Weißwein zugießen.

Den Fonduetopf auf das Rechaud stellen und das Käsefondue ganz leise köcheln lassen.

Dazu Cornichons, luftgetrockneten Schinken und eingelegte Perlzwiebeln servieren. Außerdem natürlich reichlich Brotwürfel. Diese auf die Fonduegabel spießen und ins Fondue tauchen.

Ganz entspannt genießen

Muscheln mit Chips

Die Muscheln erfordern etwas Sorgfalt bei der Vorbereitung, der Rest ist ganz einfach. Deshalb eignet sich dieses Gericht gut für eine größere Tischrunde. Die sauber abgebürsteten und entbarteten Muscheln stehen im Kühlschrank bereit und werden kurz vor dem Servieren frisch gegart.

Für 2 Personen

Für die Kartoffelchips
250 ml Pflanzenöl
1 große Kartoffel, in dünne Scheiben geschnitten
Meersalz

Für die Muscheln
20 g Butter
1 Schalotte, gewürfelt
1 Knoblauchzehe, zerdrückt
150 ml Weißwein
1 kg Miesmuscheln, abgebürstet und entbartet (Exemplare, die sich beim Klopfen auf die Arbeitsfläche nicht schließen, aussortiert)
50 g Sahne
Meersalz und schwarzer Pfeffer aus der Mühle
2 EL gehackte Petersilie

Den Backofen auf 50 °C vorheizen.

Für die Chips das Öl in einem hohen, schweren Topf erhitzen. Die Kartoffelscheiben darin portionsweise in 2–3 Minuten goldgelb frittieren. Mit einem Schaumlöffel herausheben und auf Küchenpapier abtropfen lassen.

Die Chips großzügig salzen und im Backofen bis zum Servieren warm stellen.

Für die Muscheln die Butter in einem großen Topf bei mittlerer Hitze erwärmen. Schalotte und Knoblauch darin 1 Minute anbraten.

Den Weißwein zugießen und 2–3 Minuten köcheln lassen. Die Muscheln in den Topf geben und zugedeckt 4–5 Minuten garen, bis sie sich geöffnet haben. Geschlossene Exemplare aussortieren.

Die Sahne zu den Muscheln gießen und alles offen 2–3 Minuten köcheln lassen.

Die Muscheln mit Salz und Pfeffer würzen und mit Petersilie bestreuen. In eine vorgewärmte Schüssel füllen und mit den Chips servieren.

Parmesangnocchi mit Gorgonzolasauce

Es gibt unzählige Möglich-keiten, die kleinen Kartof-felklößchen auf den Tisch zu bringen: mit in Butter gebratenen Salbeiblättern, mit Tomatensauce und Parmesan, mit gebackenen Kürbisstückchen und Ricotta ...

Ergibt 16 Stück

Für die Gnocchi
400 g mehligkochende Kartoffeln
50 g Mehl, plus Mehl zum Arbeiten
80 g frisch geriebener Parmesan,
   plus Parmesan zum Servieren
1 Ei, verquirlt
Meersalz und schwarzer Pfeffer
   aus der Mühle

Für die Gorgonzolasauce
30 g Butter
2 EL Sahne
70 g Gorgonzola

Für die Gnocchi die Kartoffeln in wenig Wasser garen. Abgießen und kurz ausdampfen lassen. Die Knollen pellen und durch die Kartoffel-presse drücken oder zerstampfen.

Mehl, Parmesan, Ei, 1 Prise Salz und Pfeffer zufügen und alles gut vermischen. Die Kartoffel-masse auf der bemehlten Arbeitsfläche rasch zu einem glatten Teig verkneten. In vier Portio-nen teilen.

Die Arbeitsfläche bei Bedarf erneut mit Mehl bestäuben. Die Teigportionen zu etwa 2 cm dicken Rollen formen. Diese in 2,5 cm breite Stücke schneiden. Die Stücke über die Rück-seite einer Gabel rollen und ein Rillenmuster eindrücken. (Dadurch haftet die Sauce später besser an den Gnocchi.)

Für die Sauce die Butter in einem Topf bei schwacher Hitze erwärmen. Sahne und Gorgonzola dazugeben und 3–4 Minuten unter Rühren schmelzen lassen.

In einem großen Topf reichlich Wasser mit etwas Salz zum Kochen bringen. Die Gnocchi einlegen und garen, bis sie an die Oberfläche steigen. Sofort herausnehmen und in einem Sieb abtropfen lassen.

Die Gnocchi in die Gorgonzolasauce geben und behutsam unterheben.

Zum Servieren auf Teller verteilen und mit Parmesan bestreuen.

Hackfleischröllchen mit Feta und Tomaten

Die würzigen Röllchen stecken voller mediterraner Aromen. Und sie lassen sich vielfältig variieren, zum Beispiel mit Salbei und geriebenem Apfel, Knoblauch und Thymian oder mit Würzmischungen nach eigener Wahl.

Für 4–6 Personen

500 g Schweinehackfleisch
8 getrocknete Tomaten, fein gehackt
80 g Feta
1 EL getrockneter Oregano
1 Ei, verquirlt
Mehl zum Bestäuben
Olivenöl zum Braten
Meersalz und schwarzer Pfeffer aus der Mühle

Das Hackfleisch mit Tomaten, Feta, Oregano und Ei in eine Schüssel geben. Mit Salz und Pfeffer würzen und alles sorgfältig verkneten.

Die Fleischmasse in zehn Portionen teilen und diese zu Röllchen formen.

Etwas Mehl auf einen großen Teller streuen und die Hackfleischröllchen nacheinander darin wenden. Überschüssiges Mehl vorsichtig abklopfen, bis die Röllchen nur noch dünn mit Mehl überzogen sind.

Die Hackfleischröllchen auf eine Platte legen und 1 Stunde im Kühlschrank ruhen lassen (so behalten sie beim Braten besser die Form).

Etwas Olivenöl in einer Pfanne bei mittlerer Hitze erwärmen. Die Hackfleischröllchen darin portionsweise 10 Minuten braten. Dabei mehrmals wenden, damit sie gleichmäßig garen.

Dazu schmeckt selbst gemachtes Kartoffelpüree oder cremige Polenta.

Feentrick

Polenta kochen

Im Handel sind verschiedene Polentasorten erhältlich, die sich vor allem im Hinblick auf die Garzeit unterscheiden. Deshalb unbedingt die Angabe auf der Packung beachten. Die Zubereitung ist immer gleich: In einem großen Topf die benötigte Wassermenge aufkochen und Salz zugeben. Die Polenta einrieseln lassen und kräftig umrühren, damit sich keine Klümpchen bilden. Bei schwacher Hitze unter Rühren köcheln lassen, bis sich die Polenta vom Topfrand löst.

Orangen-Reispudding mit Himbeerkonfitüre

Als Kind habe ich dieses Dessert über alle Maßen geliebt und manchmal überfällt mich noch heute die Lust darauf. Man braucht dafür nur wenige Zutaten. Für Gäste backe ich den Reispudding in Portionsförmchen und stelle ein Glas selbst gemachte Konfitüre auf den Tisch, aus dem sich jeder selbst bedient.

Für 2 Personen

20 g Butter, plus Butter für die Form
80 g Rundkornreis
abgeriebene Schale und Saft von 1 Bio-Orange
50 g Zucker
50 g Sultaninen
1 TL frisch geriebene Muskatnuss
900 ml Milch
Himbeerkonfitüre zum Servieren

Den Backofen auf 160 °C (Umluft 140 °C) vorheizen. Eine Auflaufform (1,2 l Inhalt) mit Butter ausstreichen.

Den Reis mit Orangenschale, Zucker, Sultaninen und Muskat in einer Schüssel mischen. Die Mischung in die Auflaufform füllen.

Milch und Orangensaft dazugießen. Die restliche Butter in Flöckchen teilen und auf die Oberfläche setzen.

Den Reispudding im Ofen (Mitte) 1½ Stunden backen. Dabei mehrmals umrühren. Mit Himbeerkonfitüre servieren.

Variante
Orangenschale und Orangensaft durch 2 EL Rosenwasser ersetzen. Dieser Reispudding schmeckt besonders gut mit frischen Himbeeren.

Apfel-Brombeer-Crumble mit Vanillesauce

Da kann keiner widerstehen: warme Früchte unter knusprigen Streuseln und als Krönung eine selbst gemachte Vanillesauce. Die Kruste wird noch süßer und knuspriger, wenn man vor dem Backen einen Löffel braunen Zucker daraufstreut.

Für 6 Personen

FÜR DIE FÜLLUNG
500 g Kochäpfel
80 g Zucker
200 g Brombeeren

FÜR DIE STREUSEL
80 g kalte Butter, gewürfelt
150 g Mehl
50 g brauner Zucker
50 g Haselnusskerne, gehackt

FÜR DIE VANILLESAUCE
600 ml Milch
1 Vanilleschote, längs aufgeschlitzt
3 Eigelb
25 g Zucker
1 TL Speisestärke

Für die Füllung die Äpfel schälen, vierteln und die Kerngehäuse entfernen. Die Viertel mit dem Zucker und 1 EL Wasser in einen Topf füllen. Erhitzen und köcheln lassen, bis sie weich werden, aber nicht zerfallen. Vom Herd nehmen, die Brombeeren unterrühren und abkühlen lassen.

Den Backofen auf 200 °C (Umluft 180 °C) vorheizen.

Für die Streusel Butter und Mehl mit den Fingern verreiben. Zucker und Nüsse untermischen.

Die Fruchtmasse in eine große Auflaufform oder in Portionsförmchen füllen. Mit den Streuseln bedecken. Im Ofen (Mitte) etwa 45 Minuten (Portionsförmchen etwa 25 Minuten) backen, bis die Streusel goldgelb sind.

Für die Vanillesauce Milch und Vanilleschote in einen Topf geben. Bei mittlerer Hitze bis zum Siedepunkt erwärmen, dann vom Herd nehmen.

Eigelbe, Zucker und Speisestärke sorgfältig verquirlen. Die Milch zurück auf den Herd stellen und die Eigelbmischung einrühren. Bei schwacher Hitze unter Rühren köcheln lassen, bis die Sauce andickt.

Die Vanilleschote herausnehmen und die Sauce zum Crumble servieren

Feentrick

Vanilleschoten verwerten

Mit benutzten Vanilleschoten kann man zum Beispiel Vanillezucker aromatisieren. Dafür die Schoten abspülen, trocknen und in ein Glas mit feinem Zucker stecken. Schon nach 1 Woche hat der Zucker das Aroma angenommen und kann zum Backen oder Kochen verwendet werden.

Brotauflauf mit Bananen

Ein saftiger Auflauf – so richtig was für kühle Tage. Wer mag, serviert noch eine Vanillesauce (siehe linke Seite) dazu. Unwiderstehlich schmeckt der Auflauf auch mit Brioche und mit Schokotröpfchen statt Zimt.

Für 6 Personen

25 g Butter, plus Butter für die Form
10 dünne Scheiben Weißbrot
2 Bananen, in Scheiben geschnitten
2 TL gemahlener Zimt
300 ml Milch
100 g Sahne
2 Eier
25 g brauner Zucker
1 Prise frisch geriebene Muskatnuss

Den Backofen auf 190 °C (Umluft 170 °C) vorheizen. Eine Auflaufform (1,2 l Inhalt) mit Butter ausstreichen.

Jede Brotscheibe auf einer Seite mit Butter bestreichen und diagonal halbieren.

Eine Lage Brotscheiben mit der Butterseite nach oben in die Form schichten. Darauf eine Lage Bananenscheiben verteilen. Mit Zimt bestreuen. Diesen Vorgang wiederholen, bis Brot und Bananen aufgebraucht sind. Mit einer Schicht Brot abschließen.

Milch und Sahne in einem Topf bei schwacher Hitze erwärmen. Eier und Zucker in einer Schüssel verquirlen. Die warme Sahnemilch zugießen und gut verrühren.

Die Eiermilch über die Brotscheiben in der Form gießen. Die Scheiben mit einem Kochlöffel hinunterdrücken, damit sie sich vollsaugen können.

Den Auflauf mit Muskat bestreuen und 30 Minuten ruhen lassen.

Im Ofen (Mitte) 30–40 Minuten backen, bis die Eiermilch gestockt und die Oberfläche goldbraun ist.

Zum Einstieg: eine Auswahl selbst gemachter Dips, dazu knuspriges Brot, frisch aus dem Ofen.

Karamellbonbons, Trinkschokolade oder Plätzchenteig - kleine Geschenke aus der Küche sind immer willkommen.

Was wäre das beste Essen ohne ein süßes Highlight zum Schluss? Es muss ja nicht immer aus Schokolade sein.

Gäste verwöhnen

Die besten Deko-Ideen

Partyfood

Menüs für jede Jahreszeit

Geschenke aus der Küche

Die besten Deko-Ideen

Es gibt Mahlzeiten, an die wir uns noch lange erinnern. Und das liegt nicht nur daran, dass das Essen unvergleichlich gut war. Auch der Zauber eines Ortes oder eine ganz besondere Stimmung kann dazu beitragen. Deshalb ist es wichtig, für jede Einladung die richtige Atmosphäre zu schaffen. Die Tischdekoration liefert den Gästen erste Hinweise und stimmt sie auf den Abend und den Anlass ein. Bei der Deko folge ich drei goldenen Regeln. Erstens: saisonal bleiben und den Blumen, Farben und der Stimmung der Jahreszeit folgen. Zweitens: nicht übertreiben. Die Gäste sollen den Abend genießen. Drittens: nicht zu viele verschiedene Elemente mischen. Das Muster des Tischtuchs sollte nicht mit dem der Servietten konkurrieren, für den Blumenschmuck die gleichen Blumen oder die gleiche Blütenfarbe verwenden. Und ganz wichtig: Kaltes Deckenlicht unbedingt vermeiden, besser Stehlampen oder Kerzen aufstellen, die einen warmen Schein verbreiten. Die Accessoires sollten zum Anlass passen, je nachdem, ob er festlich, romantisch oder glamourös ist. Zu Weihnachten zum Beispiel kann man gut Anhänger mit dem Namen der Gäste mit Geschenkband an den Stuhllehnen festbinden, dazu kleine Stechpalmen- und Tannenzweige. Im Frühling Wiesenblumen pflücken, etwa Gänseblümchen, und einige mit einem gelben Band an jede Serviette binden. Das ist ganz einfach, aber die Gäste werden sich freuen. Und das ist unser Ziel. Es geht nicht darum, Geld für teuren Schnickschnack auszugeben, sondern das einzusetzen, was gerade zur Hand ist. Mit persönlichem Flair gelingt es euch am besten, die Gäste zu überraschen und zu begeistern.

Gäste verwöhnen

Unter freiem Himmel

Auf dieser Seite Die einfachsten Ideen sind oft die besten. Ein paar Gänseblümchen zum Beispiel, mit einem Band umwickelt und auf die Servietten gelegt. Schön sind auch einzelne Blüten, die man an die Stuhllehne bindet. Ein Strauß aus frischen Blumen ist immer eine Augenweide.

Mittsommer-nachtsparty

Oben und links Jahreszeitlich abgestimmter Blumenschmuck macht sich immer gut, auch als einzelne Blüte auf jedem Teller. Nostalgische Vasen oder Krüge passen gut zu einem natürlichen Look.

Unten Die Farben der gewählten Accessoires sorgfältig abstimmen. Hier setzen die orangefarbenen Bändchen um die Servietten einen kühnen Kontrast zum Tischtuch und den Irisblüten.

Weihnachtsessen

Oben links Ein Kranz aus Efeuranken ist schnell um einen Drahtreif gewunden. Als Blickfang hängt in der Mitte ein kleines Windlicht.

Oben rechts Jeder Gast bekommt eine Menükarte, der ein rotes Samtband festlichen Glanz verleiht.

Ganz links Kiefernzweige und frischer Lorbeer schmücken die Stuhllehnen, dazu ein Kärtchen mit dem Namen des Gastes.

Links Ein Band lässt schlichte Kerzenleuchter erstrahlen.

Tischdeko für kleines Geld

Mit ein paar einfachen, aber wirkungsvollen Ideen rückt man den Esstisch ins beste Licht.

Für jeden Gast das Menü auf farbigem Papier ausdrucken. Auf die Teller legen und mit einer Muschelschale oder einem Pinienzapfen beschweren.

Geschenkband passend zur Tischdecke kaufen. Stücke abschneiden und um die Servietten wickeln.

Gemüse der Saison als Tischdekoration verwenden. Eine große Schale voller Zitronen oder Auberginen mitten auf dem Tisch ist eine Augenweide (und kann nachher noch verwendet werden).

Im Sommer viele Teelichter in Marmeladen- oder Einmachgläsern im Garten oder auf der Terrasse verteilen. Eine der preiswertesten Möglichkeiten, um stimmungsvolle Atmosphäre zu zaubern.

Rosmarin- und Thymianzweige, in bunten Gläsern auf dem Tisch aufgereiht, sehen hübsch aus und duften herrlich.

Für Country-Feeling sorgen Vasen voller frischer Gräser, die ihr gut bei einem Spaziergang sammeln könnt. Sie halten in der Vase zwar nur kurze Zeit, aber einen Abend lang können sich die Gäste wie auf dem Land fühlen.

Partyfood

Freunde einzuladen ist ein großer Spaß und muss gar nicht viel Arbeit machen. Vor meiner ersten Silvesterparty habe ich das Menü mindestens hundertmal umgeworfen. Heute weiß ich, was wirklich wichtig ist: dass meine Gäste einen wunderbaren Abend haben.

Dazu braucht man neben etwas Planung einige gute Tipps und einfache Rezepte. Wenn man viele Gäste zu bewirten hat, sind Dips und Häppchen eine gute Idee, denn man kann sie in aller Ruhe tagsüber zubereiten. Dann muss man am Abend selbst nur noch das Brot frisch aufbacken. Aber auch eine große Portion Cottage Pie (siehe Seite 141) oder ganz kleine Hackfleischröllchen mit Feta und Tomaten (siehe Seite 150), im Ofen gebraten, sind sehr zu empfehlen: Essen, das Leib und Seele wärmt und hungrige Gäste glücklich macht. Kleine Pasteten in Portionsförmchen kann man ebenfalls gut vorbereiten und am Abend selbst fertigstellen.

Ein Tablett voller Gläschen gefüllt mit Baiser-Zitronen-Sahne (siehe Seite 179) sieht beeindruckend aus. Auch sie lassen sich prima vorbereiten und warten dann im Kühlschrank auf ihren großen Auftritt. So bleibt genügend Zeit, um vor dem Eintreffen der Gäste in aller Ruhe ein entspannendes Schaumbad zu nehmen, ein passendes Outfit zu wählen und vielleicht sogar noch einen der leckeren Cocktails auf den nächsten Seiten auszuprobieren. Viel Spaß!

Mojito

Voller frischer Aromen –
mein Lieblingscocktail
für den Sommer und ein
fabelhaftes Partygetränk.

Für 1 Person

2 Bio-Limetten, in schmale Spalten
  geschnitten
6 Stängel Minze
2 TL Zucker
zerstoßenes Eis
65 ml weißer Rum
Sodawasser nach Geschmack

Die Limettenspalten (3 Spalten für die
Dekoration beiseitelegen), 5 Stängel
Minze und den Zucker in ein stabiles
Glas füllen. Mit einem Stößel andrücken,
damit Limette und Minze ihr Aroma
abgeben.

Eis, Rum und einen Schuss Sodawasser dazugeben. Den Cocktail gut
durchrühren.

Mit den restlichen Limettenspalten
und 1 Stängel Minze verzieren. Sofort
servieren.

Gäste verwöhnen

Ein besonderer Genuss, den ich mir manchmal in Paris gönne, ist ein Champagner-cocktail in der eleganten Bar des Hotels George V. Hier mein Rezept für zu Hause – santé!

Für 1 Person

Champagnercocktail

Feentrick

Salzmandeln zum Knabbern

Den Backofen auf 200 °C (Umluft 180 °C) vorheizen. Ein Backblech mit Backpapier belegen. In einer Schüssel 100 g geschälte Mandeln, 1 TL weiche Butter, 1 TL grobes Meersalz und 2 TL Ahornsirup mischen. Die Mandeln auf dem Blech verteilen und im Ofen (Mitte) in etwa 10 Minuten goldbraun rösten. Vor dem Servieren abkühlen lassen.

1 Stück Würfelzucker
2 Spritzer Angostura
100 ml Champagner
15 ml Cognac
1 Bio-Orangenscheibe, geviertelt (nach Wunsch)

Den Zuckerwürfel in ein Sektglas geben und mit Angostura beträufeln. Mit Champagner und Cognac aufgießen.

Nach Wunsch 1 Orangenviertel ans Glas stecken. Den Cocktail sofort servieren.

Cocktail mit Pimm's

Pimm's ist mindestens so britisch wie Wimbledon oder die Klippen von Dover – ein Ginlikör, abgeschmeckt mit streng geheimen Zutaten. Gut gekühlt, mit Zitrusfrüchten und Sodawasser oder Limonade gemischt, eine spritzige Erfrischung für heiße Sommertage.

Ergibt 1 Krug

1 Teil Pimm's (oder anderer Ginlikör)
1 Bio-Orangenscheibe
1 Bio-Zitronenscheibe
1 Erdbeere, in Scheiben geschnitten
2 Gurkenscheiben
1 Stängel Minze
Eiswürfel
3 Teile Limonade

Den Likör mit Frucht- und Gurkenscheiben und der Minze in einen großen Krug füllen.

Die Eiswürfel dazugeben und mit Limonade auffüllen. Umrühren und servieren.

Prosecco-Cocktail

Eine prickelnde Erfrischung aus Sizilien, wo bekanntlich die besten Orangen wachsen.

Für 1 Person

100 ml Prosecco
1 EL Grand Marnier (oder anderer Orangenlikör)
25 ml frisch gepresster Orangensaft
1 TL Zucker

Prosecco, Grand Marnier, Orangensaft und Zucker in ein Sektglas füllen. Umrühren und sofort servieren.

Sangria

Noch ein sommerliches Partygetränk. Und solange man es nicht mit Strohhalmen aus einem Eimer trinkt, auch vollkommen ungefährlich!

Ergibt 1 Krug

1 Bio-Zitrone
4 Bio-Orangen
1 Flasche Pinot noir (oder anderer leichter Rotwein)
5 EL Zucker
Eiswürfel

Die Zitrone und 1 Orange heiß abwaschen, trocknen und in dünne Scheiben schneiden.

Die restlichen 3 Orangen auspressen. Den Saft mit Wein und Zucker in einem Krug verrühren. Die Zitrusscheiben hineingeben und in den Kühlschrank stellen.

Zum Servieren Gläser mit Eiswürfeln füllen und mit Sangria aufgießen.

Negroni

Beim Fotoshooting für dieses
Kapitel hat der Assistent des
Fotografen diesen Cocktail
für die ganze Crew gemixt.
Alle waren begeistert, und
so mixte er bis spät in die
Nacht ...

Für 1 Person

30 ml Campari
30 ml Martini rosso
30 ml Gin
4 Eiswürfel
1 Bio-Orangenscheibe

Campari, Martini und Gin in einen Cocktail-
shaker füllen. Die Eiswürfel dazugeben und gut
durchschütteln. Dann 10 Minuten kalt stellen.

In einem großen Becherglas mit einer Orangen-
scheibe servieren.

Manhattan

Nichts geht über diesen
klassischen Cocktail.

Für 1 Person

Eiswürfel
50 ml Bourbon
25 ml süßer roter Wermut
1 Spritzer Angostura
1 Streifen Schale von 1 Bio-Orange

Ein großes Glas mit Eiswürfeln füllen. Bourbon,
Vermouth und Angostura zugießen und verrühren.

In ein Cocktailglas abseihen und mit der
Orangenschale garnieren. Sofort servieren.

Baba Ganousch

Hier stimmt einfach alles:
ein Dip voller Würze, dabei
aber frisch und leicht. Echt
lecker!

Für 4 Personen

1 EL Olivenöl
2 Knoblauchzehen, gehackt
½ Aubergine, in Würfel geschnitten
30 g Sesamsamen
100 g griechischer Joghurt
1 Bund Koriandergrün
Saft von 1 Zitrone
Meersalz und schwarzer Pfeffer aus der Mühle

Das Öl in einer Pfanne bei mittlerer Hitze erwärmen.
Knoblauch und Auberginenwürfel darin 7–8 Minuten
anbraten.

Das Gemüse in den Mixer geben. Sesam, Joghurt,
Koriandergrün, Zitronensaft, Salz und Pfeffer hinzufügen und alles fein pürieren.

Den Dip in ein Schälchen füllen und servieren.

Guacamole

Den leuchtend grünen Dip
mit einer großen Schüssel
Tortilla-Chips oder mit
scharfen Pita-Ecken (siehe
Seite 173) servieren.

Für 2 Personen

1 reife Avocado
1 Knoblauchzehe, zerdrückt
2 EL Zitronen- oder Limettensaft
1 EL natives Olivenöl extra
1 EL gehacktes Koriandergrün
Meersalz und schwarzer Pfeffer aus der Mühle

Die Avocado halbieren, den Stein entfernen und
beiseitelegen. Das Fruchtfleisch aus der Schale
heben und mit einer Gabel zerdrücken. Knoblauch, Zitronensaft, Öl und Koriandergrün gut
untermischen.

Mit Salz und Pfeffer abschmecken. Den Stein in
die Guacamole drücken und den Dip mit Frischhaltefolie abdecken. So behält die Guacamole bis
zum Servieren ihre grüne Farbe.

Weiße-Bohnen-Dip

Dukkah-Dip

Salsa verde

Scharfe Pita-Ecken

Wer frisches Koriandergrün mag, kann zusätzlich ein paar Blättchen ins Würzöl rühren. Vorsicht aber mit dem Cayennepfeffer – er ist sehr scharf.

Für 10 Personen

5 EL Olivenöl
1 Knoblauchzehe, zerdrückt
2 TL gemahlener Cayennepfeffer
10 Pitabrote (etwa 13 cm Ø)
Meersalz und schwarzer Pfeffer aus der Mühle

Den Backofen auf 180 °C (Umluft 160 °C) vorheizen.

Olivenöl, Knoblauch und Cayennepfeffer in einer großen Schüssel verrühren.

Jedes Pitabrot in sechs Ecken schneiden und zum Würzöl in die Schüssel geben. Gut mischen, bis alle Brotstücke mit Öl überzogen sind.

Die Pita-Ecken auf einem Backblech verteilen. Im Ofen (Mitte) 15 Minuten backen, bis sie leicht knusprig sind.

Warm oder kalt mit verschiedenen Dips servieren.

Feentrick

Oliven einlegen

Dafür 200 g gemischte schwarze und grüne Oliven in eine Schüssel füllen. (Oliven in Salzlake vorher abspülen und abtropfen lassen.) Die Oliven mit reichlich Olivenöl, der abgeriebenen Schale von 1 Bio-Zitrone, 1 TL Chiliflocken, 2 gehackten Rosmarinzweigen, etwas Meersalz und 1 in dünne Scheiben geschnittenen Knoblauchzehe mischen. Mindestens 12 Stunden durchziehen lassen.

Dukkah-Dip

Nicht gerade ein Leicht-
gewicht, dieser Dip aus
Ägypten, aber im Hand-
umdrehen gerührt und
umwerfend gut.

Für 10 Personen

100 g Sesamsamen
100 g geschälte Mandeln
50 g Koriandersamen
15 g Kreuzkümmelsamen
Meersalz und schwarzer Pfeffer aus
  der Mühle
150 ml Olivenöl

Sesam, Mandeln, Koriander und Kreuzkümmel
in einer Pfanne ohne Fett unter Rühren rösten,
bis alles duftet. Vom Herd nehmen und
abkühlen lassen.

Die Mischung mit 1 großzügigen Prise Salz
und schwarzem Pfeffer im Mörser zerstoßen.
In eine Servierschale füllen und mit dem
Olivenöl übergießen.

Salsa verde

Dieser kräuterfrische Dip
schmeckt wunderbar zu
frisch gerösteter Focaccia
oder Knusperbrot mit Ros-
marin (siehe Seite 88).

Für 4 Personen

4 Stängel Basilikum
1 EL Weißweinessig
1 Stängel Petersilie
2 Knoblauchzehen, zerdrückt
2 Sardellenfilets, gehackt
2 EL Kapern (aus dem Glas)
100 ml natives Olivenöl extra

Die Blätter vom Basilikum abzupfen und in den
Mixer füllen. Die restlichen Zutaten zugeben
und alles etwa 1 Minute pürieren.

Weiße-Bohnen-Dip

Der Dip ist in wenigen Minuten zubereitet. Die Zutaten dafür gehören zur Grundausstattung im Vorratsschrank.

Für 10 Personen

460 g weiße Bohnen (aus der Dose), abgespült und abgetropft
2 TL Paprikapulver, plus mehr zum Bestreuen
6 EL natives Olivenöl extra
Saft von 2 Zitronen
2 Knoblauchzehen, zerdrückt (nach Wunsch)
grobes Meersalz und schwarzer Pfeffer aus der Mühle

Die Bohnen mit Paprikapulver, Öl, Zitronensaft und nach Wunsch mit Knoblauch in den Mixer füllen und cremig pürieren.

Den Dip mit Salz und Pfeffer abschmecken und nochmals 20 Sekunden pürieren.

In eine Servierschale füllen und mit Paprikapulver bestäuben. Mit Pita-Ecken (siehe Seite 173) servieren.

Feentrick

Backpflaumen im Speckmantel

Leckere Aperitif-Häppchen sind immer willkommen. Zu meinen Favoriten zählen diese Pflaumen, weil sie schnell gemacht sind und grandios schmecken. Die süßen, weichen Pflaumen und der knusprige, salzige Speck ergänzen sich einfach perfekt. Dafür Backpflaumen über Nacht in Weinbrand einweichen. Dann jede Pflaume in eine dünne Scheibe Frühstücksspeck wickeln und unter dem vorgeheizten Backofengrill bräunen.

Partyfood

Rosa Hummus

Seine tolle Farbe verdankt
dieser Dip Roten Beten.
Wer sie nicht so gern mag,
nimmt stattdessen 100 g
griechischen Joghurt.

Für 10 Personen

2 Rote-Bete-Knollen
2 Knoblauchzehen
1 Dose Kichererbsen (420 g),
    abgetropft
Saft von 1 Zitrone
4 EL Olivenöl
Meersalz und schwarzer Pfeffer
    aus der Mühle

ZUM SERVIEREN
Pitabrot
Fenchelscheiben
Möhrenstifte

Die Rote-Bete-Knollen mit etwas Wasser in
einen Topf geben. Zum Kochen bringen und
zugedeckt etwa 25 Minuten garen. Sie sind
fertig, wenn sich die Haut leicht mit dem
Daumen ablösen lässt.

Die Knollen abgießen und kurz ausdampfen
lassen. Dann schälen, grob hacken und in
den Mixer füllen.

Knoblauch und Kichererbsen zugeben und
alles glatt pürieren. Zitronensaft und so viel
Öl untermixen, dass eine dicke Creme entsteht. Mit Salz und Pfeffer abschmecken.

Den Hummus in eine Servierschale füllen und
mit Pitabrot und rohem Gemüse servieren.

Gurken-Raita

Kühl und erfrischend, ideal
zu den scharfen Pita-Ecken
(siehe Seite 173).

Für 4 Personen

200 g griechischer Joghurt
½ Salatgurke, gewürfelt
1 TL gemahlene Kurkuma
1 EL gehackte Minze
1 EL gehacktes Koriandergrün

Alle Zutaten in einer Schüssel verrühren. In
eine Dipschale füllen und servieren.

Zaalouk

Der marokkanische Klassiker ist einer meiner Lieblingsdips. Besonders köstlich auf frisch gerösteten Baguettescheiben.

Für 4 Personen

2 große Auberginen
3 große Tomaten
100 ml Olivenöl
2–3 Knoblauchzehen, gehackt
½ TL süßes Paprikapulver
Saft von 1 Zitrone
1 EL gehacktes Koriandergrün
Meersalz
gemahlener Kreuzkümmel, zum
  Bestäuben

Den Backofen auf 180 °C (Umluft 160 °C) vorheizen. Die Auberginen in eine Auflaufform legen und im Ofen (Mitte) etwa 30 Minuten rösten, bis sie sich weich anfühlen.

Die Hälfte des Öls in eine Auflaufform gießen. Die Tomaten hineinlegen und ebenfalls 5–10 Minuten im Ofen rösten. Auberginen und Tomaten abkühlen lassen.

Die Auberginen halbieren, das Fruchtfleisch aus der Schale lösen und fein hacken. Die Tomaten häuten und die Samen entfernen. Das Fruchtfleisch fein hacken.

Das restliche Öl in einer Pfanne erhitzen und den Knoblauch darin hell anschwitzen. Auberginen, Tomaten und Paprikapulver dazugeben und 5–10 Minuten sanft braten. Dabei regelmäßig umrühren.

Den Dip mit Zitronensaft, Koriandergrün und Salz würzen. In eine Schale füllen und mit Kreuzkümmel bestreuen. Warm servieren.

Lachscreme

Fünf Minuten – und schon ist dieser Dip servierbereit. Zur Abwechslung auch mal mit geräucherter Makrele statt mit Lachs zubereiten.

Für 4 Personen

250 g Räucherlachs
100 g Rahmfrischkäse
50 g Crème fraîche
Saft von 1 Zitrone
Meersalz und schwarzer Pfeffer aus
  der Mühle

Alle Zutaten in einen Mixer füllen und fein pürieren. Den Dip in eine Schale füllen. Mit Pitabrot, Crackern oder frischem Baguette servieren.

Schokotaler

Göttliche süße Häppchen,
perfekt zu einem Espresso
nach dem Essen.

Für 10 Personen

100 g dunkle Schokolade (mindestens
   70 % Kakaoanteil)
100 g Milchschokolade
100 g weiße Schokolade
15 g Mandelblättchen
15 g Rosinen
15 g Belegkirschen, in Scheiben geschnitten
15 g kandierte Orangen, gehackt
15 g kandierte Zitronen, gehackt

Die drei Schokoladensorten getrennt in Metall-
schüsseln füllen. Nacheinander über einem
heißen Wasserbad schmelzen lassen.

Mehrere Backbleche mit Backpapier belegen.
Die flüssige Schokolade teelöffelweise darauf-
geben und zu kleinen Kreisen verstreichen.

Die Schokotaler mit den kandierten und
getrockneten Früchten bestreuen und
leicht andrücken. Gut trocknen lassen.

Baiser-Zitronen-Sahne

Süß, knusprig und sahnig.
Wer kann da schon wider-
stehen?

Für 10 Personen

6 mittelgroße Baiserschalen
200 g Schlagsahne
150 g Lemon-Curd (siehe Seite 22)
abgeriebene Schale von 1 Bio-Zitrone

Die Baiserschalen in kleine Stücke brechen
und in eine Schüssel füllen.

Die Sahne nicht zu steif schlagen und behutsam unter die Baiserstückchen mischen. Den
Lemon-Curd unterheben.

Die Sahnemasse mit einem Löffel in zehn
kleine Gläser füllen. Zuletzt mit Zitronenschale
bestreuen.

Die Gläschen in den Kühlschrank stellen und
bis zum Servieren gut durchkühlen lassen.

Feentrick

Zitronen auspressen

Die Früchte vor dem Auspressen mit
der flachen Hand kräftig auf der
Arbeitsfläche hin und her rollen.
So geben sie bis zu 50 % mehr Saft
ab. Die Schalen nicht wegwerfen,
sondern auf die Heizung legen. Hier
trocknen sie langsam und verströ-
men dabei einen köstlichen Duft.

Menüs für jede Jahreszeit

Die Menüs

Frühling

Grüner Spargel mit
Hollandaise und Röstbrot

Seezunge mit Salsa verde

Zitronengranita

Sommer

Tomaten-Basilikum-Suppe

Linguine mit Taschenkrebs

Rosenwasser-Gelee

Herbst

Bruschetta mit Pilzen,
Rucola und Parmesan

Italienisches
Schmorfleisch

Tiramisu

Winter

Zwiebelsuppe mit
Käsecroûtons

Provenzalisches
Schmorhuhn

Schokoladenmousse
mit Kardamom

Einige meiner liebsten Erinnerungen ranken sich um Abendessen in großer Runde bei mir zu Hause. Ob zu einem besonderen Anlass oder ganz spontan – es gibt nichts Schöneres als ein gutes Essen mit Menschen, die man mag.

Einen Tisch voller Gäste mit einem mehrgängigen Menü zu bekochen, mag manchen die Sorgenfalten auf die Stirn treiben. Das muss aber gar nicht sein. Wer frische Zutaten der Saison aus regionaler Produktion kauft, ist immer auf der sicheren Seite. Denn mit einfachen Rezepten und hochwertigen Zutaten kann eigentlich jeder ein leckeres Essen kochen.

Nach langen Überlegungen habe ich mich dazu entschlossen, dieses Kapitel jahreszeitlich anzulegen. Ich bin ein großer Fan von saisonaler Küche, weil jede Jahreszeit ihre ganz eigenen Aromen besitzt. Im Frühjahr genießen wir den ersten Spargel, im Sommer herrliche sonnengereifte Tomaten, im Winter gehaltvolle Schmorgerichte. Ich habe versucht, in jedem Menü die Aromen und die Stimmung einer Jahreszeit einzufangen, von der Vorspeise bis zum Dessert.

Grüner Spargel mit Hollandaise und Röstbrot

Schmeckt am besten mit frischem Spargel aus der Region und gutem italienischem Weißbrot. Die Sauce Hollandaise wird ganz fix im Mixer gerührt.

Für 4 Personen

1 kg grüner Spargel
Olivenöl
Meersalz
8 Scheiben Weißbrot

Für die Sauce Hollandaise
200 g Butter
4 Eigelb
Saft von 1 Zitrone
Meersalz und schwarzer Pfeffer aus der Mühle

Feentrick

Aus eins mach drei

Die Hollandaise lässt sich gut abwandeln:
Für eine cremige Spinatsauce 1 Handvoll Blattspinat in kochendem Wasser kurz blanchieren. Abgießen, abtropfen lassen, ausdrücken und fein hacken. Unter die fertige Hollandaise rühren.
Für eine Béarnaiser Sauce 100 ml Weißwein oder Essig mit Schalottenwürfeln, Estragon und Pfefferkörnern auf die Hälfte einkochen lassen. Den Sud durch ein Sieb gießen und löffelweise unter die fertige Hollandaise rühren.

Den Spargel waschen. Das untere Drittel schälen, holzige Enden abschneiden. Die Stangen in einer Schüssel mit Olivenöl und Meersalz mischen. Etwas Olivenöl in einer schweren Pfanne erhitzen. Den Spargel darin von jeder Seite 3 Minuten braten. Alternativ den Spargel kochen. Dafür einen großen Topf zu einem Drittel mit Wasser füllen, salzen und bei starker Hitze aufkochen. Den Spargel einlegen und in etwa 4 Minuten bissfest garen.

Für die Hollandaise die Butter in einem kleinen Topf schmelzen. Eigelbe und Zitronensaft in den Mixer geben. Bei mittlerer Geschwindigkeit verquirlen, dabei langsam die flüssige Butter zugießen. Weitermixen, bis die Sauce cremig ist. Mit Salz und Pfeffer würzen.

Die Brotscheiben rösten und auf einer Servierplatte auslegen. Die Spargelstangen darauf anrichten, mit Salz und Pfeffer würzen. Die Hollandaise in einer Schale dazu servieren.

Seezunge mit Salsa verde

Keine Angst vor ganzen Fischen: Eine Seezunge im Ofen zu braten, ist wirklich nicht schwer. Besser kann mein einen frischen Fisch gar nicht zubereiten. Dazu ganz schlicht etwas Zitronensaft und gutes Olivenöl oder eine Salsa verde (siehe Seite 174) servieren.

Für 4 Personen

1 Seezunge (etwa 2 kg), küchenfertig
  vorbereitet
Meersalz
Salsa verde (siehe Seite 174) zum Servieren

Den Backofen auf 200 °C (Umluft 180 °C) vorheizen.

Die Seezunge auf der Ober- und Unterseite im Abstand von 5 cm diagonal einschneiden. Den Fisch salzen und mit der hellen Seite nach unten in eine große Auflaufform legen.

Wasser angießen, bis der Fisch zur Hälfte bedeckt ist. Den Fisch im Ofen (Mitte) 30 Minuten braten, bis das Fleisch weiß ist und sich leicht von den Gräten lösen lässt.

Die Seezunge aus dem Ofen nehmen und die Haut vorsichtig abziehen.

Den Fisch auf eine vorgewärmte Platte legen, mit Salsa verde beträufeln und servieren.

Zitronengranita

Sie gelingt sogar ohne Eis-
maschine, aber ein bisschen
Muskelkraft zum Umrühren
und ein Drei-Sterne-Tief-
kühlfach braucht man
schon. Die ausgepressten
Zitronenhälften gleich als
Servierschälchen verwen-
den. Und wer spät dran ist,
serviert einfach gekauftes
Sorbet in ausgehöhlten
Zitronenhälften.

Für 4 Personen

300 g Zucker
Saft von 6 Zitronen (die ausgepressten Hälften
   aufbewahren)
abgeriebene Schale von 2 Bio-Zitronen

Den Zucker mit 400 ml Wasser in einem Topf
bei mittlerer Hitze zum Kochen bringen. Dabei
regelmäßig umrühren, damit sich der Zucker
vollständig auflöst.

Den Sirup vom Herd nehmen. Zitronensaft und
Zitronenschale unterrühren.

Den Zitronensirup in einen flachen Gefrierbe-
hälter füllen und abkühlen lassen. Dann etwa
4 Stunden ins Tiefkühlfach stellen. Dabei alle
30 Minuten mit einer Gabel kräftig durchrühren,
damit sich keine großen Kristalle bilden.

Aus den Zitronenhälften das verbliebene
Fruchtfleisch herausschaben. Die Unterseiten
flach schneiden, damit die Schälchen Stand
haben. Die Zitronenschälchen ebenfalls ins
Tiefkühlfach stellen.

Die fertige Granita in die gekühlten Zitronenschalen füllen und sofort servieren.

Tomaten-Basilikum-Suppe

Diese Suppe kann ihre italienischen Wurzeln nicht verleugnen. Die gerösteten Tomaten schmecken übrigens auch als Belag auf Bruschetta. Die Tomaten dafür nach Zugabe des Basilikums auskühlen lassen. Zum Servieren Brotscheiben rösten, mit Olivenöl beträufeln und die Rösttomaten darauf verteilen.

Für 4 Personen

600 g Kirschtomaten, halbiert
2 Knoblauchzehen, zerdrückt
1 rote Zwiebel, grob gehackt
Meersalz und schwarzer Pfeffer aus der Mühle
natives Olivenöl extra zum Beträufeln
1 EL Balsamico-Essig
10 Basilikumblätter, grob zerzupft
500 ml Hühner- oder Gemüsebrühe

Den Backofen auf 160 °C (Umluft 140 °C) vorheizen.

Tomaten, Knoblauch und Zwiebel in eine Auflauf-form geben. Mit Salz und Pfeffer würzen und mit Olivenöl und Balsamico beträufeln.

Das Gemüse mit den Händen 5 Minuten sorgfältig durchmischen, damit sich die Aromen gut entfalten. Im Ofen (Mitte) 20 Minuten garen.

Die Tomaten herausnehmen und kurz abkühlen lassen. Mit den Basilikumblättern in eine große Schüssel füllen und 1 Minute durchziehen lassen.

Die Brühe in einen Topf gießen, die Rösttomaten einrühren. Erhitzen und bei schwacher Hitze 20 Minuten köcheln lassen.

Die Suppe zum Servieren in Schalen füllen. Auf jede Portion eine kleine, mit Parmesan über-backene Brotscheibe legen.

Linguine mit Taschenkrebs

Ein leichtes, erfrischendes Pastagericht für den Sommer. Optimal wäre natürlich ein frischer Taschenkrebs. Aber man kann das ausgelöste Fleisch auch in Dosen oder vakuumverpackt kaufen.

Für 4-6 Personen

600 g Linguine (schmale Bandnudeln)
Meersalz
Olivenöl zum Braten
1 Frühlingszwiebel, in dünne Ringe geschnitten
1 rote Chilischote, Samen nach Wunsch entfernt, in feine Streifen geschnitten
300 g gegartes, ausgelöstes Taschenkrebsfleisch
abgeriebene Schale und Saft von 1 Bio-Zitrone
1 Bund Koriandergrün, grob gehackt

Die Nudeln in einen Topf mit reichlich kochendem Salzwasser geben und bei mittlerer Hitze nach Packungsangabe bissfest garen. In ein Sieb abgießen und abtropfen lassen.

Inzwischen etwas Olivenöl in einer großen Pfanne bei mittlerer Hitze erwärmen. Frühlingszwiebel und Chilischote darin 3 Minuten anschwitzen.

Das Krebsfleisch zugeben. Den Zitronensaft einrühren und 2–3 Minuten erhitzen. Die Nudeln unterheben.

Die Linguine mit Salz und Pfeffer würzen und in eine vorgewärmte Schüssel füllen.

Mit Zitronenschale und Koriandergrün bestreuen und sofort servieren.

Rosenwasser-Gelee

Früher liebten wir Wackelpudding in Knallrot oder Giftgrün. Die Variante für große Mädchen funkelt zart im Glas und ist sanft und kühl auf der Zunge.

Für 4 Personen

Für die kandierten Rosenblüten
1 Eiweiß
12 Rosenblütenblätter
50 g feiner Zucker

Für das Gelee
6 Blatt weiße Gelatine
250 g Zucker
50 ml Rosenwasser

Für die kandierten Blüten das Eiweiß mit 2 TL Wasser in einer kleinen Schüssel verquirlen. Die Blütenblätter einzeln mit einer Pinzette eintauchen, bis sie von beiden Seiten überzogen sind.

Die Blütenblätter sofort im Zucker wenden und auf ein Kuchengitter legen. Mindestens 6 Stunden oder über Nacht trocknen lassen.

Für das Gelee die Gelatine 10 Minuten in kaltem Wasser einweichen. Zucker und 500 ml Wasser in einem Topf mischen. Bei mittlerer Hitze unter Rühren erhitzen, bis sich der Zucker aufgelöst hat. Den Sirup vom Herd nehmen.

Die Gelatine ausdrücken und im heißen Sirup auflösen. Das Rosenwasser einrühren und abkühlen lassen. Den Gelatinesirup in vier Cocktailgläser füllen und im Kühlschrank in etwa 1 Stunde gelieren lassen.

Zum Servieren jedes Glas mit 3 kandierten Blütenblättern dekorieren.

Variante
In jedes Glas 3 Himbeeren legen und die Gläser zur Hälfte mit dem Gelatinesirup füllen. Im Kühlschrank fest werden lassen. Wieder 3 Himbeeren in die Gläser geben, den restlichen Sirup zugießen und vollständig gelieren lassen.

Feentrick

Kandierte Blüten

Duftgeranien, Gänseblümchen, Kapuzinerkresse, Kornblumen, Lavendel, Ringelblumen, Stiefmütterchen oder Veilchen – es gibt viele Pflanzen mit essbaren Blüten. Sie alle kann man mit Zucker überziehen und zum Dekorieren verwenden.

Herbstmenü

Bruschetta mit Pilzen, Rucola und Parmesan

Es gibt unzählige Möglich-
keiten Bruschetta zu belegen – von den klassischen
Tomaten mit Basilikum bis
hin zu gebratenem Spargel
und Schafskäse bietet jede
Jahreszeit andere Zutaten.
Im Herbst sind es frische
Waldpilze.

Für 4 Personen

Olivenöl
400 g gemischte Waldpilze (z. B. Steinpilze,
    Pfifferlinge, Wiesenchampignons, oder
    braune Zuchtchampignons)
Meersalz und schwarzer Pfeffer aus der
    Mühle
Saft von ½ Zitrone
8 Scheiben Ciabatta
1 Bund Rucola
50 g Parmesan

Etwas Olivenöl in einer Pfanne bei mittlerer
Hitze erwärmen. Die Pilze darin 3 Minuten
unter Rühren anbraten. Mit Salz, Pfeffer und
Zitronensaft würzen.

Die Brotscheiben von beiden Seiten rösten
und mit Olivenöl beträufeln.

Pilze und Rucola mischen und auf den Brotscheiben verteilen.

Den Parmesan mit dem Sparschäler in feine
Späne hobeln und auf den Broten verteilen.

Italienisches Schmorfleisch

Ein ideales Gericht für viele Gäste. Denn es lässt sich gut in großen Mengen zubereiten und schmeckt aufgewärmt sogar noch besser. Als Beilage gibt's Röstkartoffeln mit Oliven (siehe Seite 87, dabei Zitrone und Thymian durch 80 g gehackte schwarze Oliven ersetzen).

Für 6 Personen

2 EL Olivenöl
1 Zwiebel, in feine Scheiben geschnitten
2 Knoblauchzehen, zerdrückt
1 rote Paprikaschote, Stielansatz, Samen und Scheidewände entfernt und in Ringe geschnitten
1,5 kg Rindfleisch zum Schmoren, gewürfelt
1 EL Mehl
200 g kleine Champignons, in Scheiben geschnitten
200 ml Rotwein
2 Dosen stückige Tomaten (à 400 g)
2 TL fein gehackter Rosmarin
Meersalz und schwarzer Pfeffer aus der Mühle

Den Backofen auf 180 °C (Umluft 160 °C) vorheizen.

Das Öl in einem Schmortopf bei mittlerer Hitze erwärmen. Zwiebel, Knoblauch und Paprikaringe hineingeben und zugedeckt 2–3 Minuten anschwitzen.

Die Fleischwürfel mit Mehl bestäuben, bis sie rundum überzogen sind.

Den Deckel abnehmen und das Fleisch in den Topf geben. Mit Salz und Pfeffer würzen und rundum anbräunen.

Die Pilze einstreuen und 1 Minute mitbraten. Den Rotwein angießen und alles offen 10 Minuten köcheln lassen.

Tomaten und Rosmarin unterrühren. Den Deckel wieder auflegen und das Fleisch im Ofen (Mitte) 1½ Stunden schmoren lassen.

Das beste Tiramisu der Welt! Als ich in Turin lebte, habe ich viel Mühe darauf verwendet, das optimale Rezept zu finden. Wenn man in Deutschland Tiramisu bestellt, enthält es oft viel Amaretto oder andere Spirituosen. Bei meinen Recherchen habe ich jedoch herausgefunden, dass Alkohol eigentlich gar nicht hineingehört. Echte Tiramisu-Profis schwören vielmehr auf die perfekte Kombination von gutem Kaffee, cremigem Mascarpone und einer samtigen Schicht Kakaopulver. Das Dessert sollte leicht wirken und den Eigengeschmack der einzelnen Zutaten unterstreichen. Darauf legt die italienische Küche immer besonderen Wert.

Für 6 Personen

Tiramisu

3 Eigelb
80 g Zucker
500 g Mascarpone
200 ml Espresso,
   abgekühlt
14 Löffelbiskuits
150 g Kakaopulver

Eigelbe und Zucker mit dem Handrührgerät aufschlagen, bis die Masse hell und dickschaumig ist.

Den Mascarpone und bei niedriger Geschwindigkeit unterrühren. 50 ml Espresso unterziehen.

Die Hälfte der Löffelbiskuits im restlichen Espresso wenden und in sechs Dessertgläser oder in eine große Glasschale verteilen.

Mit der Hälfte der Mascarponecreme bedecken und mit Kakaopulver bestäuben. Darauf eine zweite Lage getränkte Löffelbiskuits, Mascarponecreme und Kakaopulver schichten.

Das Tiramisu mit Frischhaltefolie abdecken und 2 Stunden kühl stellen. Vor dem Servieren nochmals dick mit Kakaopulver bestäuben.

Wintermenü

Zwiebelsuppe mit Käsecroûtons

Damit diese Suppe wirklich gut schmeckt, die Zwiebeln sehr sorgfältig karamellisieren. Sie sollten sich schön goldbraun färben, bevor die Brühe angegossen wird. Sonst kann sich das charakteristische Aroma nicht entwickeln.

Für 4 Personen

80 g Butter
Olivenöl zum Braten
800 g Zwiebeln, in dünne Scheiben geschnitten
2 Knoblauchzehen, zerdrückt
1 TL Zucker
100 ml Weißwein
800 ml Rinderbrühe
4 Scheiben Baguette
70 g Geyerzer (oder Emmentaler), gerieben

Butter und etwas Olivenöl in einem schweren Topf bei mittlerer Hitze erwärmen. Zwiebeln und Knoblauch hineingeben.

Den Zucker unterrühren. Die Zwiebeln anbraten, bis sie leicht karamellisiert sind und sich goldbraun färben. Dabei regelmäßig umrühren.

Den Weißwein zugießen und 5 Minuten köcheln lassen. Die Brühe zugießen und alles 30 Minuten köcheln lassen.

Den Backofengrill vorheizen. Die Baguettescheiben mit dem Käse bestreuen und unter dem Grill (oben) überbacken.

Die Zwiebelsuppe zum Servieren in vorgewärmte Schalen oder Tassen verteilen. Auf jede Portion 1 Käsecroûton legen.

Provenzalisches Schmorhuhn

Das Originalrezept verlangt eigentlich Rotwein, aber zu Thymian und Knoblauch bevorzuge ich einen trockenen Weißwein. Wer Rotwein verwendet, kann noch eine Handvoll schwarze Oliven dazugeben. So oder so – ein ganz köstliches Huhn.

Für 4 Personen

1 EL Olivenöl
1 Hähnchen, in 8 Stücke geteilt
4 Knoblauchzehen, ungeschält
16 Schalotten, geschält
Meersalz und schwarzer Pfeffer aus der Mühle
400 ml trockener Weißwein
350 ml Hühnerbrühe
1 Bund Thymian

Den Backofen auf 150 °C (Umluft 130 °C) vorheizen.

Das Öl in einem Bräter bei mittlerer Hitze erwärmen. Die Hähnchenteile darin rundum anbräunen.

Die ungeschälten Knoblauchzehen und die Schalotten dazugeben. Mit Salz und Pfeffer würzen und 1 Minute anschwitzen.

Den Wein zugießen und 10 Minuten köcheln lassen. Mit Hühnerbrühe aufgießen.

Den Thymian einrühren und das Huhn zugedeckt im Ofen (Mitte) 1½ Stunden schmoren.

Schokoladenmousse mit Kardamom

Davon bleibt ganz sicher nichts übrig, denn eine luftige Schokomousse lieben alle. Ihr Geheimnis: hochwertige dunkle Schokolade. Der Rest ist dann ein Kinderspiel.

Für 4 Personen

200 g dunkle Schokolade (mindestens 70 % Kakaoanteil)
100 g Sahne
4 Eier, getrennt
1 TL Zucker
½ TL gemahlener Kardamom

Die Schokolade in Stücke brechen und in eine Metallschüssel geben. Über dem heißen Wasserbad schmelzen lassen. Dabei häufig umrühren, damit die Schokolade sich vollständig auflöst.

Die Schüssel vom Wasserbad nehmen. Sahne, Eigelbe, Zucker und Kardamom unter die Schokolade rühren.

In einer zweiten Schüssel die Eiweiße zu steifem Schnee schlagen. Den Eischnee unter die Schokoladenmasse heben.

Die Mousse in vier Dessertschälchen oder in eine große Glasschale füllen. Mindestens 1 Stunde im Kühlschrank fest werden lassen.

Varianten

Für eine fruchtige Schokoladenmousse statt Kardamom frische Himbeeren oder Erdbeerstückchen unter die Schokomasse heben.

Feentrick

Hübsch servieren

Besonders dekorativ sieht die Mousse zum Beispiel in Martinigläsern aus. Aber auch in Espressotassen macht sie sich gut. Die Schokomousse sollte vor dem Servieren mindestens 1 Stunde kühl gestellt werden. Man kann sie aber auch schon am Vorabend zubereiten, dann hat man am Tag der Einladung weniger Stress.

Geschenke aus der Küche

Manchmal ist es ist gar nicht so einfach, etwas Passendes zu finden, wenn man jemandem eine kleine Freude machen will. Man streift durch die Geschäfte und tritt am Ende allzu oft enttäuscht den Heimweg an – schlimmer noch: mit leeren Händen.

Anstatt auf diese Weise nur sinnlos Zeit (und Geld) zu verschwenden, gehe ich inzwischen lieber gleich in die Küche. Denn ich habe festgestellt, dass sich dort die besten Geschenke finden lassen. Gibt es etwas Persönlicheres als selbst gemachte Trüffel in einer hübsch verzierten Schachtel für den Schokoholic oder ein Glas mit frischem Pesto für die Freundin, die nicht kochen kann? Geschenke aus der eigenen Küche sind eine prima Sache. Ich war schon immer davon überzeugt, dass Essen die Menschen stärker verbindet als so manch anderes.

In diesem Kapitel habe ich meine schönsten selbst gemachten Geschenke zusammengestellt, dazu einige Ideen, um sie hübsch zu verpacken. Ich hoffe, die Ideen gefallen euch. Es gibt so viele Möglichkeiten für Geschenke aus der Küche – und sie sind immer unbezahlbar.

Basilikumpesto

Das schafft man auch ohne Küchenerfahrung. Selbst gemachtes Pesto schmeckt besser als jedes gekaufte, und man kann es gut kombinieren: Es passt zu Fisch, Nudeln, Huhn, Salaten, es schmeckt auf Crostini und sogar in Suppen. Der Arbeitsaufwand ist gering und im Kühlschrank bleibt das Pesto bis zu 3 Wochen frisch.

Ergibt 250ml

110 g Basilikumblätter
150 ml natives Olivenöl extra
2 Knoblauchzehen
30 g Pinienkerne
50 g Parmesan, frisch gerieben
1 TL Meersalz

Alle Zutaten in den Mixer geben und pürieren, bis die gewünschte Konsistenz erreicht ist.

Das Pesto frisch servieren oder zum Aufbewahren in ein sauberes Glas füllen. Die Oberfläche mit etwas Olivenöl bedecken und verschließen.

Variante
Das Basilikum auch mal gegen Koriandergrün oder Petersilie austauschen.

Das Pesto mit Koriandergrün und zusätzlich 50 g Ziegenfrischkäse zubereiten. So wird das Pesto schön cremig und passt perfekt zu Huhn oder Nudeln.

Feentrick

Gläser und Flaschen

Wer gerne Pesto, Konfitüre oder Sirup aus der eigenen Küche verschenkt, sollte das ganze Jahr über Ausschau nach dekorativen Gläsern und Flaschen halten. Diese unmittelbar vor dem Befüllen sorgfältig mit heißem Wasser und Spülmittel reinigen.

Apfel-Brombeer-Kompott

An einem klaren Herbsttag durch Wald und Feld streifen – was könnte schöner sein? Wer sich mit einem Korb oder einer Tüte auf den Weg macht, kann auf Obstwiesen herabgefallene Früchte auflesen, wilde Brombeeren sammeln oder die ersten Kastanien mit nach Hause nehmen. All das gibt es ganz umsonst. Und kein Kompott aus dem Laden kann es mit dem aus selbst gesammelten Beeren aufnehmen. Kein Wunder also, dass wir im Herbst alle wieder zu Sammlerinnen werden. Das herbstliche Fruchtkompott schmeckt gut zu Joghurt oder auf frisch gebackenen Scones und Waffeln mit einem Klecks Schlagsahne. Aber auch zu Schweinebraten passt es ausgezeichnet.

Ergibt 5 Gläser à 250 ml

100 g Butter
750 g Äpfel, geschält, Kerngehäuse entfernt und gewürfelt
100 g Zucker
1 Vanilleschote, längs aufgeschlitzt
250 g Brombeeren

Die Butter in einem Topf schmelzen. Äpfel, Zucker und Vanilleschote dazugeben und 20 Minuten garen.

Kurz vor Ende der Garzeit die Brombeeren unterrühren und 5 Minuten mitgaren. Das Kompott sollte dicklich sein. Falls nötig noch einige Minuten einkochen lassen.

Die Vanilleschote herausnehmen. Das Kompott mit dem Pürierstab oder im Mixer fein pürieren.

Das Fruchtpüree durch ein Sieb streichen und in saubere Gläser füllen. Im Kühlschrank lagern und innerhalb von 2 Wochen verbrauchen.

Feentrick

Brombeeren sammeln und einfrieren

Beim Sammeln von Brombeeren gilt: Keine Beeren in Bodennähe zu pflücken, wo sie in Kontakt mit Nagetieren oder Füchsen kommen können. Die Früchte zu Hause in einem Sieb kalt abspülen und spätestens am nächsten Tag verbrauchen. Zum Einfrieren auf einem Tablett ausbreiten und ins Tiefkühlfach stellen. Dann in Gefrierbeutel oder -dosen umfüllen.

Schoko-Pistazien-Trüffel

Feine Schokoladentrüffel, die auf der Zunge zergehen – wer würde die nicht gerne geschenkt bekommen? Man kann sie beliebig variieren. Es lohnt sich also, gleich eine größere Portion Schokoladenmasse zu machen, dann aufzuteilen und unterschiedlich zu aromatisieren.

Ergibt 14 Stück

200 g dunkle Schokolade (mindestens 70 % Kakaogehalt), in Stücke gebrochen
100 g Sahne
150 g Pistazienkerne, fein gehackt

Die Schokolade in einer Metallschüssel über dem heißen Wasserbad schmelzen lassen. Dabei häufig umrühren, damit sie sich vollständig auflöst. Vom Wasserbad nehmen.

Die Sahne in einem schweren Topf erwärmen. Über die flüssige Schokolade gießen und unterrühren, bis sich beides gut verbunden hat.

100 g Pistazienkerne unterheben. Die Trüffelmasse etwas abkühlen lassen, damit sie fester wird. (Schneller geht das im Kühlschrank.)

Ein Backblech mit Backpapier belegen. Wenn die Masse fest genug ist, mit einem Teelöffel walnussgroße Bällchen abstechen und rasch zu Kugeln rollen. Auf dem Blech fest werden lassen.

Die restlichen Pistazien auf einen Teller streuen und die Trüffel darin wälzen.

Varianten
Die Pistazien durch Haselnüsse oder Mandeln ersetzen.

Zusätzlich Gewürze in die Trüffelmasse geben. Gut passen 4 Schoten Kardamom oder 1 TL gemahlener Zimt.

Auch 2 TL Bourbon oder Grand Marnier in der Trüffelmasse sind einen Versuch wert, ebenso abgeriebene Orangenschale und Orangensaft.

Vanilla Fudge

Um diese hellen, weichen Karamellbonbons herzustellen, braucht man ein Bratenthermometer. Aber das ist nicht teuer und sollte ohnehin in keiner Küche fehlen.

Ergibt 24 Stück

100 ml Milch
100 g Sahne
350 g Zucker
1 Päckchen Vanillezucker
80 g Butter, plus Butter für die Form

Milch, Sahne, Zucker, Vanillezucker und Butter in einem schweren Topf bei mittlerer Hitze zum Kochen bringen.

Wenn die Mischung aufwallt, die Hitze verringern und etwa 15 Minuten köcheln lassen. Eine rechteckige Form mit Butter ausstreichen.

Ein Bratenthermometer in den Topf halten. Sobald es eine Temperatur von 115 °C anzeigt, die Masse vom Herd nehmen. Mit einem Schneebesen schlagen, bis die Masse dick wird. In die Form gießen und abkühlen lassen.

Die Karamellmasse in Würfel schneiden. Zum Aufbewahren in einen luftdicht schließenden Behälter schichten. Etwa 2 Wochen haltbar.

Varianten

Für einen intensiveren Geschmack zusätzlich 80 g in Rum eingeweichte Rosinen in die Karamellmasse geben. Für Schoko-Fugde 90 g flüssige Schokolade unterrühren. Schokolade oder Rosinen zugeben, bevor die Masse dick geschlagen wird.

Plätzchenteig

Bei Freundinnen, die sonst keine Zeit zum Backen finden, ist das stets eine willkommene Gabe. In Backpapier eingerollt und hübsch verpackt machen die Teigrollen auch optisch Eindruck. Im Kühlschrank maximal 1 Woche haltbar.

Ergibt 3 Rollen

250 g weiche Butter
120 g Zucker
300 g Weizenmehl
1 TL Backpulver
80 g weiße Schokolade, gehackt

Butter und Zucker in einer großen Schüssel schaumig schlagen.

Mehl und Backpulver darübersieben. Die weiße Schokolade zugeben und alles mit den Händen rasch zu einem glatten Teig verkneten.

Den Teig in drei Portionen teilen und jede Portion zu einer Rolle formen. Zuerst in Backpapier, dann in Geschenkpapier wickeln und die Enden mit hübschen Bändern verschließen.

Einen Geschenkanhänger mit folgender Anleitung schreiben: »Die Rolle in 8 Scheiben schneiden und die Plätzchen im vorgeheizten Ofen bei 180°C (Umluft 160°C) 10–15 Minuten backen.«

Feine Trinkschokolade

In einer Minute fertig – also genau richtig, wenn man etwas Selbstgemachtes mitbringen möchte, aber eigentlich gar keine Zeit hat. Das Schokoladenpulver in eine Papiertüte füllen und mit Geschenkband verschließen.

Ergibt etwa 350 g

125 g Kakaopulver
175 g Zartbitterschokolade, gehackt
50 g Zucker
1 Päckchen Vanillezucker
1½ TL gemahlener Zimt
1 TL frisch geriebene Muskatnuss

Alle Zutaten in den Mixer füllen und zu feinem Pulver zerkleinern. In einem luftdicht schließenden Behälter bis zu 6 Monate haltbar.

Baisers

Für zusätzliches Aroma beim Aufschlagen der Baisermasse noch 1 Teelöffel Rosen-, Lavendel- oder Orangenblütenwasser zufügen. Mehr Biss geben 50 g gehackte Haselnüsse, Schokolade, Mandeln oder Pistazien.

Ergibt 32 Stück

4 Eiweiß
115 g Zucker
115 g Puderzucker

Den Backofen auf 110 °C (Umluft 90 °C) vorheizen. Zwei Backbleche mit Backpapier belegen.

Die Eiweiße in eine saubere Schüssel füllen und mit dem Handrührgerät bei mittlerer Geschwindigkeit zu festem Schnee schlagen. Beim Herausziehen der Rührbesen sollten steife Spitzen stehen bleiben.

Die Geschwindigkeit erhöhen und löffelweise den Zucker zugeben. Dabei nach jedem Löffel den Eischnee 3–4 Sekunden schlagen, jedoch nicht länger bearbeiten. Die fertige Baisermasse sollte dick und glänzend sein.

Ein Drittel des Puderzuckers darübersieben und mit einem Spatel unterheben. Mit den restlichen zwei Dritteln ebenso verfahren, dabei die Baisermasse jedoch nicht zu lange bearbeiten. Sie sollte nun weich und wogend sein.

Von der Baisermasse mit einem Löffel kleine Portion abnehmen und mit einem zweiten Löffel nockenförmig aufs Blech setzen.

Die Baisers im Ofen (Mitte) 1¼ Stunden backen, bis sie zartbraun sind und sich beim Antippen fest anfühlen.

Vorsichtig vom Blech lösen und auf einem Kuchengitter auskühlen lassen. In einer Plätzchendose etwa 2 Wochen, tiefgekühlt etwa 1 Monat haltbar.

Orangen-Mandel-Biscotti

Die doppelt gebackenen Kekse bleiben in einer Plätzchendose bis zu 2 Wochen frisch. Man kann sie also backen, wenn man gerade Zeit und Lust hat. In flüssige Schokolade getaucht einfach himmlisch.

Ergibt 36 Stück

250 g Mehl, plus Mehl zum Arbeiten
½ TL Backpulver
½ TL Natron
1 Prise Salz
115 g weiche Butter
150 g Zucker
2 Eier (Größe L)
2 EL abgeriebene Schale von 1 Bio-Orange
1 EL Orangensaft
150 g Mandeln

Den Backofen auf 180 °C (Umluft 160 °C) vorheizen. Ein Backblech mit Backpapier belegen.

Mehl, Backpulver, Natron und Salz in eine große Schüssel sieben.

In einer zweiten Schüssel Butter und Zucker schaumig schlagen. Die Eier einzeln einrühren. Orangenschale und Orangensaft unterheben. Mehlmischung und Mandeln zugeben und alles rasch zu einem glatten Teig verkneten.

Den Teig mit bemehlten Händen halbieren. Jede Hälfte zu einer Rolle (etwa 7,5 cm Ø) formen. Die Rollen mit 7,5 cm Abstand aufs Blech legen.

Im Ofen (Mitte) 30 Minuten backen, bis sich die Oberfläche fest anfühlt. Die Rollen auf ein Schneidebrett legen, den Ofen nicht ausschalten.

Jede Rolle mit einem Sägemesser schräg in 1 cm dicke Scheiben schneiden. Die Scheiben nebeneinander aufs Blech legen und im heißen Ofen (Mitte) 10 Minuten backen. Wenden und nochmals 10 Minuten backen.

Die Biscotti auf einem Kuchengitter auskühlen lassen. Zum Aufbewahren in Plätzchendosen schichten.

Feentrick

Plätzchen verpacken

Kekse & Co. kann man in bunte Muffinförmchen aus Papier legen und mit passendem Geschenkband umwickeln. In einer Zellophantüte kommen sie gut zur Geltung. Ein Geschenkanhänger mit dem Keksrezept und den Initialen des Empfängers in Glitzerschrift gehört unbedingt dazu. Jetzt noch eine schöne Schleife, und das Geschenk ist fertig.

Register

Seitenangaben mit Fotos
sind *kursiv* gesetzt.

Die Irin **Clodagh McKenna** ist ausgebildete Köchin und
managte einige Jahre lang Bauernmärkte in ganz Irland.
Als Food-Journalistin schreibt sie für Magazine und
Tageszeitungen und gehört zu den beliebtesten TV-Köchen
des Landes. Dies ist ihr zweites Kochbuch. McKenna gibt
außerdem Kochkurse in aller Welt und eröffnete kürzlich
ihre eigene Kochschule in Lyons/Irland.